제 1 부

제 2 부

자유 평등 정의

제 1 부

국민에게 다가가는 법원

무고죄가 성립하기 위한 요건 중 '허위사실의 신고'란?

대법원 2012. 1. 12. 선고 2010도10186 판결

사안 바라보기

H 씨는 L 주식회사에서 생산한 휴대전화를 구입한 후 당초 약정 내용과 다르다며 L 회사의 대표이사 Y 씨 등을 사기로 고소하였다가 담당 검사가 혐의없음 처분을 내리자, '검사 C 씨, D 씨 및 경찰서 수사관들은 재벌 총수 Y 씨를 무혐의 처리하기 위하여 유전무죄의 목적 수사를 하여 직권을 남용하였고, L 회사의 대표이사 Y 씨는 돈의 위력을 발휘하여 검사나 수사관들을 몸종 부리듯 하면서 불법적인 방법으로 혐의없음 처분을 하도록 하였다'는 내용의 고소장을 작성하여 검찰청에 제출하였다. H 씨에게 무고죄가 성립할까?

H 씨의 고소 내용은 정황을 다소 과장한 것이거나 사실관계에 대한 주관적인 법률평가를 잘못한 것으로서 수사권 발동을 촉구할 정도의 허위사실에 해당한다고 볼 수 없고, H 씨가 신고사실의 허위성을 인식하고 있었다고 보기도 어려워 무고죄가 성립하지 않는다.

깊게 들여다보기

"너희들 서로 내통한 것 아냐?"

H 씨는 L 주식회사에서 생산한 휴대전화를 대리점을 통해 구입하였다가 당초 약속한 단말기 대금 환급과 기본 사용료 정산에 문제가 있다면서 대리점 사장과 L 회사의 대표이사 Y 씨 등을 검찰청에 사기로 고소하였다. 담당 검사 C 씨는 관할 경찰서가 사건을 수사하도록 지휘하였고, 그 후 사건을 재배당받은 검사 D 씨가 사건을 다른 검찰청으로 이송하여 이송받은 검사가 혐의없음 처분을 내리자, H 씨는 항고 및 재항고를 하였으나 모두 각

하 처분을 받았고 다시 재정신청까지 하였으나 기각되었다. 한편 H 씨는 L 회사를 피고로 하여 제기한 손해배상 사건에서도 패소 판결을 받고 항소 및 상고를 하였으나 대법원에서 최종적으로 상고기각 판결을 받았다. 그러자 H 씨는 앙심을 품고 자신이 고소한 사건의 판결이나 처분에 관련된 대법관, 판사, 검사, 검찰 수사관, 경찰관 등을 상대로 직무유기나 직권남용권리행사방해 등으로 계속하여 고소하였다.

이러한 상황에서 H 씨는 자신이 고소한 사기 사건의 수사나 처분과 관련하여 '검사 C 씨, D 씨 및 경찰서 수사관들은 재벌 총수 Y 씨를 무혐의 처리하기 위하여 유전무죄의 목적 수사를 하여 직권을 남용하였고, L 회사의 대표이사 Y 씨는 돈의 위력을 발휘하여 검사나 수사관들을 몸종 부리듯 하면서 불법적인 방법으로 혐의없음 처분을 하도록 하였다'는 내용의 고소장을 작성하여 검찰청에 제출하였다. H 씨는 C 씨, D 씨, Y 씨 등을 각 무고하였다는 혐의로 기소되었다.

무고죄 성립과 관련하여, 피고인 H 씨가 고소한 내용이 객관적으로 허위의 사실인가, H 씨가 신고사실의 허위성을 인식하고 있었는가가 문제된다.

관련 규정 돋보기

형법 제156조(무고)

타인으로 하여금 형사처분 또는 징계처분을 받게 할 목적으로 공무소 또는 공무원에 대하여 허위의 사실을 신고한 자는 10년 이하의 징역 또는 1천 500만 원 이하의 벌금에 처한다.

무고죄란? 그리고 성립요건은?

무고죄는 타인으로 하여금 형사처분 또는 징계처분을 받게 할 목적으로 공무소 또는 공무원에 대하여 허위의 사실을 신고함으로써 성립하는 범죄이다. 주된 보호법익은 '국가의 적정한 사법기능 내지 징계권 행사'로, 부수적인 보호법익은 '무고를 당한 개인의 법적 안전'으로 설명되고 있다.

이처럼 무고죄는 '타인으로 하여금 형사처분 또는 징계처분을 받게 할 목적'이 필요한 목적범이다. 따라서 주관적 성립요건으로 허위사실을 신고한다는 고의 외에 이러한 목적이 있어야 하고, 객관적 요건으로는 공무소 또는 공무원에 대한 '허위사실의 신고' 행위가 있어야 한다.

무고죄에서 '허위의 사실' 및 '허위사실의 신고'란?

무고죄에서 '허위의 사실'은 신고된 사실로 인하여 상대방이 형사처분이나 징계처분 등을 받게 될 위험이 있는 것이어야 한다. 그리고 '허위사실의 신고'란 신고사실이 객관적 사실에 반한다는 것을 확정적이거나 미필적으로 인식하고 신고하는 것을 말하므로, 설령 신고사실이 객관적 사실에 반하는 허위의 것이더라도 허위성에 대한 인식이 없을 때에는, 즉 신고자가 진실이라고 확신하고 신고하였을 때에는 무고의 고의를 인정할 수 없어 무고죄가 성립하지 않는다. 여기서 '진실이라고 확신한다'는 것은 신고자가 알고 있는 객관적인 사실관계에 의하더라도 신고사실이 허위라거나 또는 허위일 가능성이 있다는 인식을 하지 못하는 경우를 말하며, 신고자가 알고 있는 객관적 사실관계에 의하여 신고사실이 허위라거나 허위일 가능성이 있다는 인식을 하면서도 이를 무시한 채 무조건 자신의 주장이 옳다고 생각하는 경우까지 포함하는 것은 아니다.

신고사실의 허위 여부는 '핵심·중요 내용이 허위인가'에 따라 판단하여야

무고죄에서 신고사실이 허위인지는 범죄의 구성요건과 관련하여 신고사실의 핵심 또는 중요 내용이 허위인가에 따라 판단하여야 하며, 신고사실의 일부에 허위사실이 포함되어 있더라도 허위 부분이 범죄 성립에 영향을 미치는 중요한 부분이 아니라 단지 신고한 사실을 과장한 것에 불과하거나 허위인 일부 사실의 존재가 전체적으로 보아 범죄사실에 직접 영향을 줄 정도에 이르지 아니하는 내용이라면 무고죄가 성립하지 아니한다.

또한 신고자가 객관적 사실관계를 사실 그대로 신고하였다면, 객관적 사실을 토대로 한 나름대로의 주관적 법률평가를 잘못하고 신고하였더라도 주관적인 법률평가 부분만을 따로 떼어 허위사실을 신고한 것으로 보아 무고죄가 성립한다고 할 수 없다.

피고인 H 씨에게 무고죄가 성립할까?

• 제1심 – 허위 내용을 고소한 것이니 유죄

제1심은, H 씨가 C 씨, D 씨, Y 씨 등으로 하여금 형사처분을 받게 할 목적으로 허위 내용이 기재된 고소장을 작성하여 검찰청에 제출하는 방법으로 이들을 각 무고하였다고 판단하여 유죄를 선고하였다(징역 10월에 집행유예 2년, 사회봉사명령 200시간).

• 항소심 및 대법원 – 수사권 발동을 촉구할 정도의 허위사실 아니니 무죄

항소심은, H 씨의 고소 내용은 정황을 다소 과장한 것에 불과하거나 사실관계에 대한 주관적인 법률평가를 잘못한 것으로서 직권남용 또는 직무유기의 범죄를 구성하여 수사기관으로 하여금 수사권의 발동을 촉구할 정도의 허위사실에 해당한다고 볼 수 없고, H 씨에게 신고사실의 허위성에 대한 인식이 있었다고 보기도 어렵다는 이유로, 제1심판결을 파기하고 무죄를 선고하였다. 즉, "H 씨는 보통 사람과는 매우 다른 정신심리상태 혹은 인식의 기초 위에 서 있고(자신이 믿고 아는 바에 오류가 있거나 허위일 수 있다는 가능성조차 인식하지 못하고 있다), 수사와 재판 업무에 종사하는 사람들이라면 H 씨의 고소는 주장 자체로 수사의 가치가 없는 고소임을 명백히 알 수 있으므로(H 씨가 고소한 수많은 다른 고소사건에서 고소가 모두 각하 처분되고, H 씨에 대하여는 '무고혐의 없음'으로 판단된 것도 그러한 취지이다), H 씨의 반복되는 고소는 불필요한 행정력의 낭비를 초래할지언정 국가형벌권이 잘못 발동되게 할 위험은 없다고 판단되고, 달리 H 씨에게 무고의 고의가 있거나 H 씨의 고소가 수사권 또는 징계권의 발동을 촉구할 정도의 고소임을 인정할 증거가 없다."라고 판시하였다. 대법원은 위 항소심 판결이 정당하다고 판단하였다.

한 걸음 더

피무고자의 승낙이 있으면 무고죄 불성립?

A 씨는, B 씨와 B 씨에게 사기 피해를 당했다는 사람들과의 합의를 주선하기 위하여 자신도 피해자인 것처럼 행세하여 B 씨의 승낙을 받고 B 씨에게 피해를 당한 것처럼 허위사실을 기재한 고소장을 경찰서에 제출하였다. 이처럼 B 씨의 승낙이 있는 경우에도 A 씨에게 무고죄가 성립할까?

무고죄는 국가의 형사사법권 또는 징계권의 적정한 행사를 주된 보호법익으로 하고, 다만 개인이 부당하게 처벌 또는 징계를 받지 아니할 이익을 부수적으로 보호하는 죄이므로, 무고에 대하여 피무고자의 승낙이 있었더라도 무고죄의 성립에는 영향을 미치지 못한다(대법원 2005. 9. 30. 선고 2005도2712 판결). 따라서 A 씨에게는 무고죄가 성립한다.

제 1 부

수영장 물놀이 현장체험학습 중에 초등학생이 익사한 경우, 담임교사에게 업무상과실치사죄가 성립할까?

대법원 2012. 1. 12. 선고 2010도327 판결

사안 바라보기

초등학교 1학년 담임교사 H 씨는, L 군(7세)을 포함한 학급 학생들을 인솔하고 교외 수영장에서 실시하는 물놀이 현장체험학습에 참가하였다. 수영장 유수(流水)풀의 경우 7세 이하 어린이는 안전보조장비를 구비하지 않거나 보호자 동반 없이는 입장이 불가능한데, L 군이 안전보조장비 없이 유수풀에서 물놀이를 하다가 익사하였다. 담임교사 H 씨와 수영장 수상안전과장 P 씨에게 형사책임이 있을까?

P 씨는 수상안전과장으로서 다른 수상안전요원을 대체 근무하게 하지 않은 채로 유수풀 구역을 이탈하는 등의 업무상 과실이 있으므로 업무상과실치사죄의 책임이 있다. 그러나 담임교사 H 씨는 업무상 과실을 인정할 수 없어 무죄이다.

깊게 들여다보기

점심 식사 후 안전보조장비 없이 물놀이 중 익사

초등학교 1학년 담임을 맡고 있는 교사 H 씨는, L 군을 포함한 학급의 학생 38명을 인솔하고 학교 밖 수영장에서 실시하는 물놀이 현장체험학습에 참가하였다. 수영장 유수풀 규정에 의하면, 7세 이하 어린이는 튜브나 구명재킷 등의 안전보조장비를 구비하지 않거나 보호자를 동반하지 않은 경우에는 유수풀에 입장하는 것이 불가능하다고 되어 있다. 그런데 점심 식사를 마친 학생들이 안전보조장비 없이 유수풀에서 물놀이를 하였고, 이후 L 군이 익사한 상태로 발견되었다.

검사는 담임교사로서 인솔 책임자인 H 씨와 수영장의 수상안전과장 P 씨를 업무상과실치사죄의 공동정범으로 기소하였다. H 씨와 P 씨는 모두 L

군의 익사 사고에 대하여 형사책임이 있을까?

관련 규정 돋보기

형법 제268조(업무상과실·중과실 치사상)

업무상과실 또는 중대한 과실로 인하여 사람을 사상(死傷)에 이르게 한 자는 5년 이하의 금고 또는 2천만 원 이하의 벌금에 처한다.

체육시설의 설치·이용에 관한 법률

· **제24조(안전·위생 기준)**

❶ 체육시설업자는 이용자가 체육시설을 안전하고 쾌적하게 이용할 수 있도록 안전관리요원 배치, 수질 관리 및 보호 장구의 구비 등 문화체육관광부령으로 정하는 안전·위생 기준을 지켜야 한다.

· **제38조(벌칙)**

❷ 다음 각 호의 어느 하나에 해당하는 자는 1년 이하의 징역 또는 300만 원 이하의 벌금에 처한다.

2. 제24조 제1항에 따른 안전·위생 기준을 위반한 자

수영장의 수상안전과장 P 씨에게 업무상과실이 있을까? - P 씨는 유죄

우선 P 씨는 수영장 수상안전과장으로서, 초등학생들이 단체로 현장체험학습 물놀이를 할 때 안전교육을 시키고 수상안전요원들의 근무 장소를 적절히 배치하는 등 수영장의 전반적인 관리를 함과 동시에 유수풀 인근에서 이용자들의 동태를 주시하며 안전하게 이용하는지 확인하는 업무를 담당하고 있었다.

사고 당시는 초등학생들이 단체로 점심식사를 마친 직후로서 안전사고 발생률이 높은 때였으므로, P 씨는 담당 구역에서 상시 대기하며 학생들을 통제하고, 이용자들이 안전하게 물놀이를 하고 있는지 지속적으로 확인하며, 안전사고를 미연에 방지하거나 사고가 발생했을 경우 즉시 구호조치를 취하여 인명 피해를 최소화할 수 있도록 하여야 할 업무상 주의의무가 있었다. 그런데도 P 씨는 다른 수상안전요원을 대체 근무하게 하는 등의 조치를 취하지 않은 상태에서 유수풀 구역의 근무를 이탈함으로써, 그곳에 들어갔던 L 군이 의식을 잃은 상태에서 다른 이용객에 의해 발견될 때까지 아무런 조치를 취하지 아니하였다. P 씨는 위와 같은 업무상 과실로 L 군을 사망에 이르게 하였으므로 업무상과실치사죄의 책임을 진다.

담임교사 H 씨에게도 업무상과실이 인정될까? - H 씨는 무죄

교사는 교육활동 및 이와 밀접 불가분의 관계에 있는 생활영역에서 학생을 보호·감독할 의무가 있다. 그러나 일반적이고 추상적인 보호·감독 범위 내에서 사고가 발생하였다는 이유만으로 교사에게 형사책임을 물을 수 없고, 사고 발생을 예견할 수 있었다고 볼 만한 구체적인 주의의무 위반이 증명되어야 한다. H 씨의 업무상과실 유무를 구체적으로 살펴본다.

• 유수풀에 대한 출입통제 등 조치를 취하지 않은 과실이 있는지?

수영장에 유수풀 이용안내판이 1개 설치되어 있고, 안내판에 "튜브를 사용하지 않을 시 만 4세 이상부터 7세 이하 어린이는 보호자와 동반하시거나 구명재킷을 반드시 착용하여야 합니다."라고 기재되어 있었다. 그러나 수영장에서 실제로 적용한 자체 안전기준에 의하면, 유수풀 수심은 90cm 내지 1m로 키가 120cm 이하인 어린이는 유속 등에 의한 익사 위험이 있어 튜브가 없거나 구명재킷 미착용 시 출입을 금지시켰으나, 키가 120cm가 넘는 어린이의 경우 안전하다고 판단하여 유수풀 출입을 자유롭게 허용해 왔으므로, 키 133cm인 L 군을 유수풀에 입장하지 못하도록 H 씨가 통제하지 않은 것에 과실이 있다고 보기 어렵다.

• 학생 L 군의 동태를 지속적으로 관찰하지 않은 과실이 있는지?

L 군이 평소 물건을 잘 챙기지 못하고 친구들이 운동하는 데 잘 끼지 못하기는 하였으나, L 군에게 특별한 병력이 없고 비만 외에는 건강한 편이었으므로, L 군이 특별한 관리를 요하는 학생이었다거나 H 씨에게 L 군을 지속적으로 주의 깊게 관찰할 의무가 있었다고 보기 어렵다.

• 담임교사 H 씨를 유죄로 볼 수 없는 다른 사정은?

수영장에는 수상안전을 책임지는 15명의 수상안전요원이 구역을 나누어 안전을 전체적으로 책임지고 있었고, 안전을 위하여 6대의 CCTV와 감시탑 3곳이 각 설치되어 있었다. H 씨는 사고 직전에 L 군이 유수풀에서 노는 모습을 촬영하는 등 현장을 이탈하지 않고 인솔 학생들을 관찰하고 있었다. 그리고 수상안전과장 P 씨가 자리를 비우는 사이에 익사 사고가 발생하였으며, H 씨는 현장체험학습에 앞서 수업시간에 L 군이 포함된 학급 학생들을 상대로 수상안전교육을 실시하였다. 이러한 여러 사정에 비추어 H 씨의 업무상 주의의무 위반을 인정하기 어렵다.

한 걸음 더

수영장을 운영하는 A 주식회사와 대표이사 K 씨에게는 형사책임이 없을까?

검사는 K 씨와 A 회사도 체육시설의 설치·이용에 관한 법률 위반으로 기소하였고, 법원은 이를 유죄로 인정하여 K 씨와 A 회사에 각각 벌금 300만 원을 선고하였다. 체육시설의 설치·이용에 관한 법령에 따르면, K 씨는 체육시설업자인 A 회사의 대표이사로서 이용자가 체육시설을 안전하고 쾌적하게 이용할 수 있도록 수영장 감시탑에 대한적십자사 또는 수영장협회 등에서 실시하는 수상안전교육을 이수한 수상안전요원을 2명 이상 배치하여야 하는데도, 이러한 의무를 이행하지 아니하여 위 법률이 정한 안전·위생 기준을 위반하였기 때문이다.

출입금지-POLICE LINE-수사중

동물병원 의사의 오진과 진료비 환불 거부 등에 관한 글을 인터넷 카페에 올린 경우, 명예훼손죄가 성립할까?

대법원 2012. 1. 26. 선고 2010도8143 판결

사안 바라보기

애완견 주인 C 씨는 H 씨가 운영하는 한방동물병원에서 애완견을 치료하였다. 그런데 H 씨의 오진(誤診)으로 애완견 상태가 호전되지 않자 H 씨에게 진료비 등을 환불해 달라고 요구하였다가 거절당하였다. 그러자 C 씨는 애완견 관련 인터넷 카페에 애완견 치료 과정상 H 씨의 오진 및 진료비 환불 거부 등에 관하여 글을 게시하였다. C 씨는 정보통신망 이용촉진 및 정보보호 등에 관한 법률(이하 '정보통신망법') 제70조 제1항의 명예훼손죄로 처벌받을까?

C 씨의 글은 전체적인 내용이 H 씨의 동물병원 정보를 원하는 다수의 인터넷 사용자들의 의사결정에 도움이 되는 등 공공의 이익에 관한 것이어서 C 씨에게 '비방의 목적'을 인정하기 어렵다. 따라서 무죄이다.

깊게 들여다보기

"이런 동물병원에 가면 큰 코 다칩니다."

애완견 주인 C 씨는 수의사 H 씨가 운영하는 한방동물병원에서 애완견의 혈뇨 등 증상을 치료하였다. 그런데 H 씨의 오진으로 애완견의 상태가 호전되지 않자 H 씨에게 항의하면서 진료비·검사비 등을 환불해 달라고 요구하였다가 거절당하였다. 그러자 C 씨는 애완견 관련 인터넷 카페에 "[황당체험] H 씨의 한방동물병원 ⇨ 방송 나왔다고 다 좋은 줄 알고 가시면 큰 코 다칩니다."라는 제목으로 애완견 치료 과정상 H 씨의 오진 및 진료비 환불 요구 거절 등 일련의 내용에 관하여 글을 게시하였다.

검사는, C 씨가 H 씨를 비방할 목적으로 정보통신망을 통하여 공연히 사실을 적시하여 H 씨의 명예를 훼손하였다고 하여 정보통신망법 제70조 제1

항 위반으로 기소하였다. C 씨에게 정보통신망법 제70조 제1항의 명예훼손죄가 성립하려면, 무엇보다 'H 씨를 비방할 목적'이 있었는지가 중요하다.

관련 규정 돋보기

구 정보통신망 이용촉진 및 정보보호 등에 관한 법률(2008. 6. 13. 법률 제9119호로 개정되기 전의 것) 제70조(벌칙)

❶ 사람을 비방할 목적으로 정보통신망을 통하여 공연히 사실을 적시하여 타인의 명예를 훼손한 자는 3년 이하의 징역이나 금고 또는 2천만 원 이하의 벌금에 처한다.

정보통신망법 제70조 제1항 명예훼손죄의 성립요건

정보통신망법 제70조 제1항의 명예훼손죄는 '사람을 비방할 목적으로 정보통신망을 통하여 공연히 사실을 적시하여 타인의 명예를 훼손한 경우'에 성립한다. 따라서 인터넷 등 정보통신망을 통하여 공연히 사실을 적시하였더라도 '사람을 비방할 목적'이 있어야만 본죄가 성립하며, 비방의 목적이 필요하다는 점은 신문, 잡지 등 출판물에 의한 명예훼손죄도 마찬가지이다(형법 제309조 제1항).

'비방할 목적'과 '공공의 이익'

정보통신망법 제70조 제1항에서 '사람을 비방할 목적'이란 가해의 의사 내지 목적을 요하는 것으로서, 사람을 비방할 목적이 있는지는 적시 사실의 내용과 성질, 사실의 공표가 이루어진 상대방의 범위, 표현의 방법 등 표현 자체에 관한 제반 사정을 감안함과 동시에 표현에 의하여 훼손되거나 훼손될 수 있는 명예의 침해 정도 등을 비교·고려하여 결정하여야 한다.

'사람을 비방할 목적'은 '공공의 이익'을 위한 것과는 서로 상반되는 관계에 있으므로, 적시한 사실이 공공의 이익에 관한 것인 경우에는 특별한 사정이 없는 한 비방할 목적은 부인된다.

'공공의 이익'에 관한 것에는 널리 국가·사회 기타 일반 다수인의 이익에 관한 것뿐만 아니라 특정한 사회집단이나 그 구성원 전체의 관심과 이익에 관한 것도 포함하고, 행위자의 주요한 동기 내지 목적이 공공의 이익을 위한 것이라면 부수적으로 다른 사익적 목적이나 동기가 내포되어 있더라도

비방할 목적이 있다고 보기는 어렵다.

제1심 및 항소심 – '비방의 목적'을 긍정(유죄)

C 씨가 글을 게재할 때 H 씨의 동물병원에 대한 지역과 이름을 일부 특정하는 등 H 씨의 병원이 특정되었고, C 씨의 글은 H 씨의 오진에 대한 정보 제공 차원을 넘어 주로 치료 이후 C 씨의 환불요구에 대응한 H 씨의 태도와 대화 내용을 문제 삼으면서 '돈을 위해 자신의 오진가능성 99%를 부정하는 사람' 등으로 H 씨의 인격을 비하하고 비꼬는 듯한 표현이 주로 사용된 점 등을 종합하면, C 씨는 자신이 경험한 동물병원에서의 피해에 대하여 애완동물 동호인의 알 권리를 보호하는 차원에서 글을 게재한 것이라기보다는, H 씨가 C 씨의 환불요청을 거절하자 민사소송에 앞서 H 씨를 비방할 목적으로 글을 게재하였다. 따라서 유죄이다.

대법원 – '공공의 이익'에 관한 것이라는 이유로 파기환송(무죄 취지)

① C 씨의 글은 H 씨의 치료 내용, 치료 이후 상황 등 객관적 사실을 근거로 H 씨의 오진을 주장하면서 이에 대한 H 씨의 입장도 충분히 소개하였고, H 씨가 방송에 출연하였다는 이유만으로 그를 쉽게 믿지 말고 신중한

결정이 요망된다는 자신의 의견을 밝히는 내용이다. ② 실제로 H 씨는 자신의 오진을 확인하고도 이를 숨기기 위해 진료기록부를 조작하였고, 이를 근거로 오히려 C 씨의 글에 대하여 허위사실 적시에 의한 명예훼손으로 고소를 하기도 하였다. ③ 동물병원을 이용하고자 하는 애완동물 소유자는 오진 이후의 태도 등 사후조치에 대하여도 오진 여부만큼이나 큰 관심을 갖고 서로 정보 제공의 대상으로 삼는다. ④ C 씨는 H 씨가 환불요구를 거절하기 전부터 인터넷 카페 회원들을 상대로 애완견의 증상, H 씨 병원의 치료 내용 등과 관련하여 자문을 구하였고, 이후 H 씨가 오진에도 불구하고 C 씨의 환불요구를 거절한다는 글을 게시하였으며, 이를 본 일부 회원들의 요청에 글을 게시하게 되었다. ⑤ 글의 공표 대상은 애완견 관련 인터넷 카페의 회원 또는 동물병원 정보를 구하는 인터넷 사용자들에 한정되었고 그렇지 않은 인터넷 사용자들에게 무분별하게 노출되지 않았으며, C 씨는 나름대로 H 씨를 비실명으로 처리하였다.

이러한 여러 사정을 종합하면, C 씨의 글은 표현 방법에서 인터넷 사용자들의 의사결정에 도움을 주는 범위를 벗어나 인신공격에 이르는 등 과도하게 H 씨의 명예를 훼손한 것이라고 보기 어렵고, 전체적인 내용도 H 씨가 운영하는 한방동물병원에 대한 정보를 구하고자 하는 다수의 인터넷 사용자들의 의사결정에 도움이 되는 정보 및 의견의 제공이라는 공공의 이익에 관한 것이므로, C 씨의 주요한 동기 내지 목적이 공공의 이익을 위한 것인 이상 부수적으로 다른 목적이나 동기가 내포되어 있다는 사정만으로 C 씨에게 비방할 목적이 있었다고 보기 어렵다.

한 걸음 더

파기환송 후 결과 등

제1심은 C 씨에게 정보통신망법 제70조 제1항의 명예훼손죄를 인정하여 벌금형(200만 원)을 선고하였고, 환송 전 항소심도 제1심과 같은 취지에서 유죄를 인정하되 형량만을 낮추었다(벌금 200만 원의 선고유예). 그러나 환송 후 항소심은, 대법원의 파기환송 취지에 따라 다시 판결하여 무죄를 선고하였다.

한편 본 사안에서 검사가 정보통신망법 제70조 제1항이 아닌 형법 제307조 제1항의 단순 명예훼손으로 C 씨를 기소하더라도, 대법원판결의 취지에 따르면 역시 무죄로 될 수 있다. C 씨가 게시한 글의 내용이 허위라고 증명되지 않는 한 '공공의 이익'을 위한 '진실한 사실'의 적시로서 형법 제310조에 의하여 위법성이 조각되기 때문이다(만약 C 씨의 글이 허위 내용을 게시한 것이라면, 형법 제307조 제2항에 의하여 처벌될 수 있으나, 이때는 공공의 이익도 부정되어 비방의 목적이 인정될 것이므로 정보통신망법 제70조 제2항에 따라 처벌이 가중될 수 있다).

보호조치 대상자로 경찰서에 연행된 만취 운전자가 음주측정에 불응했다면 처벌할 수 있을까?

대법원 2012. 2. 9. 선고 2011도4328 판결

사안 바라보기

승용차 운전자 C 씨는 술에 만취하여 한밤중에 도로 한복판에서 차를 정차한 채 운전석에 잠들어 있다가 신고를 받고 출동한 경찰관 Y 씨가 자신을 깨우자, 차에서 내려 욕설을 하면서 주먹으로 Y 씨의 얼굴 등을 때렸다. Y 씨는 C 씨를 경찰관 직무집행법상 보호조치 대상자로 보아 순찰차에 태워 경찰서로 데리고 왔다. 경찰관들은 C 씨가 도착한 직후 3회에 걸쳐 음주측정을 요구하였으나 C 씨는 불응하였다. 검사는 C 씨를 공무집행방해 및 도로교통법 위반(음주측정거부)으로 기소하였다. C 씨의 형사책임은?

우선 C 씨가 교통정리 등의 직무를 수행하는 경찰관 Y 씨를 폭행하였으므로 공무집행방해죄가 성립한다. 다음으로 Y 씨는 C 씨를 보호조치 대상자로서 적법한 절차에 따라 경찰서로 데려왔고, 보호조치된 C 씨에게 음주측정을 요구한 것은 도로교통법에 따른 것이므로, 이에 불응한 C 씨의 행위는 음주측정불응죄에 해당한다.

깊게 들여다보기

잠들어 있는 만취 의심 운전자를 깨웠더니 욕설에 주먹질까지

C 씨는 한밤중인 00:30경 편도 2차선 도로의 1차로에서 차의 시동을 켠 채 그대로 정차하여 운전석에 잠들어 있었다. 도로 한가운데 차량이 정차되어 있어 통행을 방해한다는 신고를 받고 출동한 경찰관 Y 씨가 C 씨를 깨우기 위해 운전석 창문을 두드리자, C 씨는 차에서 내려 욕설을 하면서 주먹으로 Y 씨의 얼굴 및 목 부위를 3~4차례 때렸다. Y 씨는, C 씨가 술 냄새가 나고, 혈색이 붉으며, 말을 할 때 혀가 심하게 꼬이고 비틀거리며 걷는 등 술에 취한 것으로 보이자 경찰관 직무집행법 제4조 제1항에 따

른 보호조치 대상자로 보아 순찰차 뒷자리에 태워 경찰서 지구대로 데려왔다. 경찰관들은 C 씨가 지구대에 도착한 직후인 00:47부터 01:09 사이에 3회에 걸쳐 음주측정을 요구하였으나, C 씨는 음주운전을 하지 않았다고 주장하며 이에 불응하였다. 검사는 C 씨를 공무집행방해 및 도로교통법 위반(음주측정거부)으로 기소하였다.

우선 C 씨가 교통정리 등의 직무를 정당하게 수행하는 경찰관 Y 씨를 폭행하였으므로 공무집행방해죄가 성립함에는 의문이 없다. 이때 C 씨에게 도로교통법상 음주측정불응죄도 성립할까?

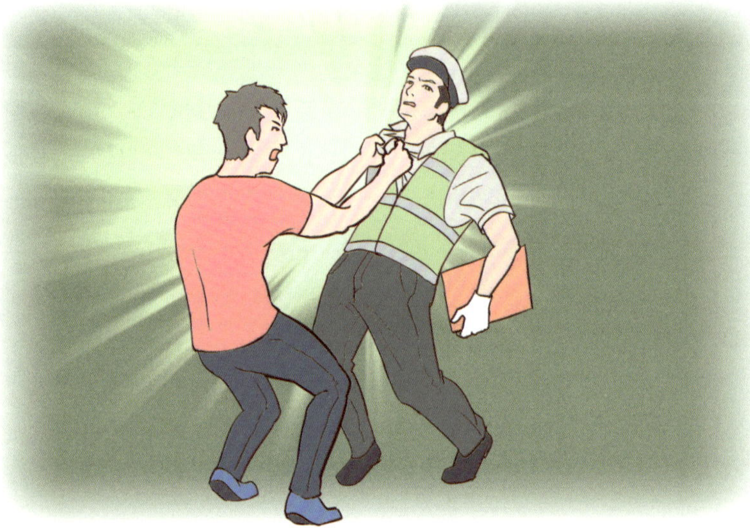

관련 규정 돋보기

형법 제136조(공무집행방해)

① 직무를 집행하는 공무원에 대하여 폭행 또는 협박한 자는 5년 이하의 징역 또는 1천만 원 이하의 벌금에 처한다.

구 경찰관 직무집행법(2014. 5. 20. 법률 제12600호로 개정되기 전의 것) 제4조(보호조치 등)

① 경찰관은 수상한 거동 기타 주위의 사정을 합리적으로 판단하여 다음 각 호의 1에 해당함이

명백하며 응급의 구호를 요한다고 믿을 만한 상당한 이유가 있는 자를 발견한 때에는 보건의료기관 또는 공공구호기관에 긴급구호를 요청하거나 경찰관서에 보호하는 등 적당한 조치를 할 수 있다.

1. 정신착란 또는 술 취한 상태로 인하여 자기 또는 타인의 생명·신체와 재산에 위해를 미칠 우려가 있는 자와 자살을 기도하는 자
2. 미아·병자·부상자 등으로서 적당한 보호자가 없으며 응급의 구호를 요한다고 인정되는 자. 다만, 당해인이 이를 거절하는 경우에는 예외로 한다.

❼ 제1항의 규정에 의한 경찰관서에서의 보호는 24시간을 초과할 수 없다.

구 도로교통법(2011. 6. 8. 법률 제10790호로 개정되기 전의 것)

· **제44조(술에 취한 상태에서의 운전금지)**

❷ 경찰공무원은 교통의 안전과 위험방지를 위하여 필요하다고 인정하거나 술에 취한 상태에서 자동차 등을 운전하였다고 인정할 만한 상당한 이유가 있는 때에는 운전자가 술에 취하였는지의 여부를 호흡조사에 의하여 측정할 수 있다. 이 경우 운전자는 경찰공무원의 측정에 응하여야 한다.

· **제148조의2(벌칙)**

다음 각 호의 어느 하나에 해당하는 사람은 3년 이하의 징역이나 1천만 원 이하의 벌금에 처한다.

2. 술에 취한 상태에 있다고 인정할 만한 상당한 이유가 있는 사람으로서 제44조 제2항에 따른 경찰공무원의 측정에 응하지 아니한 사람

경찰관 직무집행법상 '보호조치'란?

경찰관은 수상한 거동 기타 주위의 사정을 합리적으로 판단하여 술 취한 상태로 인하여 자기 또는 타인의 생명·신체와 재산에 위해를 미칠 우려가 있는 자 등에 해당함이 명백하며 응급의 구호를 요한다고 믿을 만한 상당한 이유가 있는 자를 발견한 때에는, 보건의료기관 또는 공공구호기관에 긴급구호를 요청하거나 24시간을 초과하지 않는 범위에서 경찰관서에 보호하는 등 적당한 조치를 할 수 있다(경찰관 직무집행법 제4조).

도로교통법상 음주측정 요구 및 음주측정불응죄의 성립요건

경찰공무원은 교통의 안전과 위험방지를 위하여 필요하다고 인정하거나 운전자가 술에 취한 상태에서 자동차 등을 운전하였다고 인정할 만한 상당한 이유가 있고 운전자의 음주운전 여부를 확인하기 위하여 필요한 경우에

는, 사후의 음주측정에 의하여 음주운전 여부를 확인할 수 없음이 명백하지 않는 한 운전자에 대하여 도로교통법 제44조 제2항에 의하여 음주측정을 요구할 수 있고, 운전자가 이에 불응한 경우에는 도로교통법 제148조의 2 제2호의 음주측정불응죄가 성립한다.

이와 같은 법리는 운전자가 경찰관 직무집행법 제4조에 따라 보호조치된 사람이라고 하여 달리 볼 것이 아니므로, 경찰공무원이 보호조치된 운전자에 대하여 음주측정을 요구하였다는 이유만으로 음주측정 요구가 당연히 위법하다거나 보호조치가 당연히 종료된 것으로 볼 수는 없다.

C 씨에게 도로교통법상의 음주측정불응죄가 성립할까?

• 제1심 및 항소심 – 위법한 체포 상태에서 한 음주측정이므로 무죄

제1심은, 경찰관 Y 씨는 C 씨의 자발적 의사에 의하여 지구대로 동행한 것이 아니라, 음주측정에 대하여 명백한 거절의사를 밝히고 있는 C 씨를 사실상 강제로 연행한 것인데도 C 씨에게 현행범으로 체포한다는 사실이나 그에 따르는 절차를 고지하는 등 수사상 강제처분에 관한 형사소송법상 절차가 준수되지 않았고, 이러한 강제연행은 위법한 체포로서 그러한 상태에서 음주측정 요구가 이루어진 경우 일련의 과정을 전체적으로 볼 때 역시 위법하므로, 결국 C 씨가 위법한 음주측정 요구에 응하지 않았다고 하여 도로교통법위반(음주측정거부)죄로 처벌할 수 없다는 이유로 무죄를 선고하였다. 이에 대하여 검사가 항소하였다.

항소심도, 피고인 C 씨에 대한 보호조치는 경찰관들이 C 씨에게 음주측정을 요구할 시점에는 이미 종결되었다는 전제 아래, 보호조치가 종결된 C 씨에 대하여 지구대에서 자유롭게 퇴거할 수 있음을 고지하거나 C 씨에 대한 체포영장을 발부받는 방법 등으로 적법한 강제처분을 거치지 아니하고 이루어진 음주측정 요구는 위법한 체포 상태에서 이루어진 것이어서 C 씨에게 음주측정불응죄가 성립하지 않는다고 판단하였다.

• 대법원 – 파기환송(적법 절차에 따른 것으로 유죄라는 취지)

경찰관 Y 씨는 경찰관 직무집행법 제4조 제1항에 따른 보호조치의 대상자로서 C 씨를 적법한 절차에 따라 지구대로 데려왔다. 또한 경찰관들이 지구대로 보호조치된 C 씨에게 음주측정을 요구한 것은 도로교통법 제44조 제2항에 따른 것이므로, 그러한 음주측정 요구에 불응한 C 씨의 행위는 특별한 사정이 없는 한 음주측정불응죄에 해당한다.

한 걸음 더

파기환송 후 결과 – 공무집행방해죄 및 음주측정불응죄 모두 유죄

제1심은 공소사실 중 음주측정거부죄는 무죄로 판단하고 공무집행방해죄만을 인정하여 피고인 C 씨에게 벌금 300만 원을 선고하였다. 위 무죄 부분에 대하여 검사가 항소하였으나 환송 전 항소심은 이를 기각하였다. 환송 후 항소심은 대법원의 파기환송 취지에 따라 음주측정불응죄를 새로이 유죄로 인정한 후, 제1심에서 유죄로 인정된 공무집행방해죄와 경합범으로 벌금 700만 원을 선고하였다.

경찰관의 위법한 강제연행에 저항하면서 주먹으로 때리고 발로 차 상해를 입힌 행위가 '정당방위'에 해당할까?

대법원 2012. 4. 26. 선고 2011도10009 판결

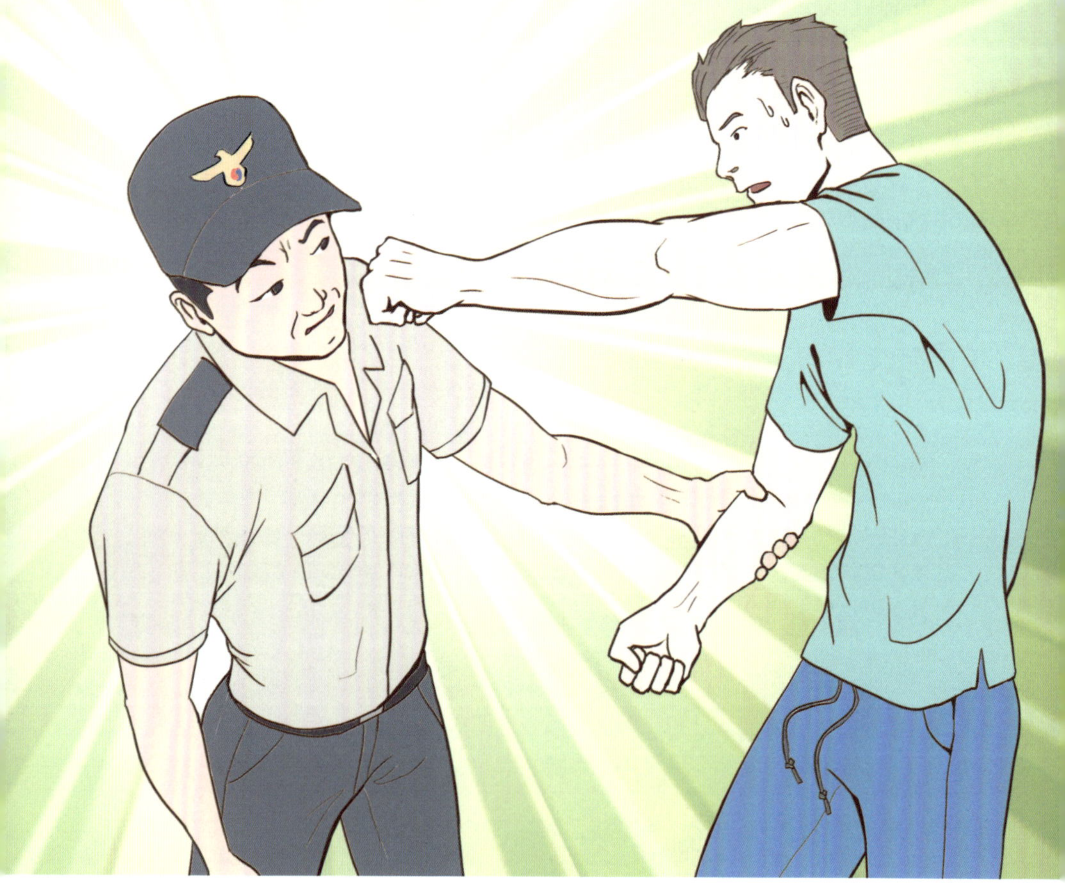

사안 바라보기

폭행을 당했다는 신고를 받고 현장에 출동한 경찰관이 폭행 사건의 가해자 일행인 목격자 C 씨에게 파출소로 가자면서 팔을 잡자, C 씨가 주먹으로 경찰관의 가슴을 때리고 멱살을 잡고, 손바닥으로 목을 때리고, 발로 목을 찼으며, 이 과정에서 경찰관이 찰과상 등 상해를 입었다. C 씨의 이러한 행위는 정당방위에 해당할까, 아니면 상해죄에 해당할까? 나아가 경찰관의 직무집행을 방해한 행위로서 공무집행방해죄가 성립할까?

경찰관의 위법한 강제연행은 적법한 공무집행이 아니므로 C 씨가 이에 저항하더라도 공무집행방해죄가 성립하지 않는다. 그러나 위법한 강제연행에 저항하는 정도를 넘어 주먹과 발로 경찰관의 가슴과 목 등을 때리고 차 상해를 가한 C 씨의 행위는 정당방위에 해당하지 않고 상해죄가 성립한다.

깊게 들여다보기

파출소로 연행하려는 경찰관을 폭행하여 다치게 했는데

노상에서 C 씨의 일행에게 폭행을 당했다는 K 씨의 신고를 받고 경찰관 A 씨와 L 씨 등이 현장에 출동하여 신고자 K 씨에게 신고 경위 및 인적 사항을 확인하였다. K 씨가 신분증을 가지러 근처 자신의 가게로 가려 하자, C 씨가 K 씨의 앞을 막아섰다. 경찰관들이 C 씨에게 '신분증을 가져온다고 하니까 그러지 마세요'라고 말하고, 경찰관 L 씨 등이 파출소로 가자면서 C 씨의 팔을 잡자, C 씨는 주먹으로 L 씨의 가슴을 때리고 멱살을 잡고, 발로는 A 씨의 정강이를 2회, 오른쪽 다리를 1회 찼고, 계속하여 손바닥으로 L 씨의 목을 1회 때리고 멱살을 잡아 흔들고, 발로 목을 1회 찼으며, 이 과정에서 L 씨는 가슴 부위 찰과상 등 상해를 입었다. 그런데 애초에 K 씨가 신고했던 폭행 사건에서 K 씨를 폭행하였던 가해자는 C 씨가 아니라 C 씨의 일행이고 가해자는 이미 현장을 떠난 상태여서, C 씨는 현행범도 아니고 목격자에 불과하다. 검사는 C 씨를 상해 및 공무집행방해로 기소하였다.

관련 규정 돋보기

형법

· **제21조(정당방위)**

❶ 자기 또는 타인의 법익에 대한 현재의 부당한 침해를 방위하기 위한 행위는 상당한 이유가 있는 때에는 벌하지 아니한다.

· **제136조(공무집행방해)**

❶ 직무를 집행하는 공무원에 대하여 폭행 또는 협박한 자는 5년 이하의 징역 또는 1천만 원 이하의 벌금에 처한다.

· **제257조(상해)**

❶ 사람의 신체를 상해한 자는 7년 이하의 징역, 10년 이하의 자격정지 또는 1천만 원 이하의 벌금에 처한다.

'정당방위'는 어떠한 경우에 인정될까?

'정당방위'란 자기 또는 타인의 법익에 대한 현재의 위법한 침해를 방위하기 위하여 상당한 이유가 있는 행위이다(형법 제21조 제1항). 형법은 침해행위에 대한 방위행위가 '상당한 이유', 즉 '상당성'을 갖출 때 위법성이 조각(소멸)되는 것으로 규정하고 있다. 따라서 어느 범죄의 구성요건을 충족하는 행위라도 정당방위에 해당하면 위법성이 없어 범죄가 성립하지 않으므로, 이때 법원은 무죄판결을 하게 된다.

정당방위의 요건과 관련하여 대법원은 "정당방위가 성립하려면, 침해행위에 의하여 침해되는 법익의 종류, 정도, 침해의 방법, 침해행위의 완급과 방위행위에 의하여 침해될 법익의 종류, 정도 등 일체의 구체적 사정들을 참작하여 방위행위가 사회적으로 상당한 것이어야 한다."라고 판시하고 있다.

'공무집행방해죄'가 성립하려면?

공무집행방해죄는 직무를 집행하는 공무원에 대하여 폭행 또는 협박함으로써 성립하고(형법 제136조 제1항), 이때 공무원의 직무집행은 '적법'한 것이어야 한다.

대법원도 "공무집행방해죄는 공무원의 직무집행이 적법한 경우에 한하여 성립하고, 여기서 적법한 공무집행이란 행위가 공무원의 추상적 권한에 속할 뿐 아니라 구체적 직무집행에 관한 법률상 요건과 방식을 갖춘 경우를 가리키므로, 이러한 적법성이 결여된 직무행위를 하는 공무원에게 대항하여 폭행을 가하였더라도 공무집행방해죄로 다스릴 수 없다.", "경찰관이 적법절차를 준수하지 아니한 채 실력으로 현행범인을 연행하려고 하였다면 적법한 공무집행이라고 할 수 없고, 현행범인이 경찰관에 대하여 이를 거부하는 방법으로써 폭행을 하였다고 하여 공무집행방해죄가 성립하는 것은 아니다."라고 한다.

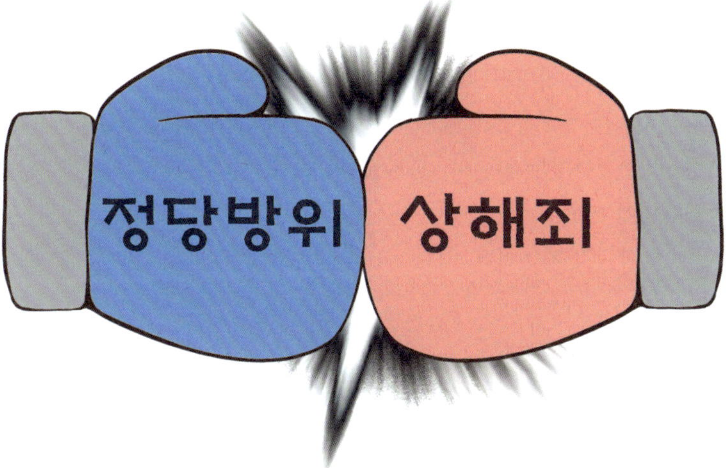

정당방위인가 상해죄인가? 그리고 공무집행방해죄도 성립하는가?

• 제1심 및 항소심 – 적법한 공무집행이 아니므로 모두 무죄

경찰관 L 씨는 K 씨에 대한 폭행 사건에서 가해자가 아니라 목격자에 불과한 C 씨를 강제로 파출소로 연행하기 위하여 C 씨의 팔을 잡은 것이므로,

L 씨의 체포행위는 위법하다. 따라서 C 씨가 불법한 체포를 면하려고 저항하는 과정에서 L 씨에게 상해를 가한 것은 자신의 신체에 대한 현재의 부당한 침해를 방어하기 위한 행위로서 상당한 이유가 있으므로 정당방위에 해당한다. 즉, 상해죄를 구성하지 않는다. 한편 이처럼 L 씨의 체포행위가 적법한 공무집행이 아니어서 C 씨의 L 씨에 대한 폭행도 공무집행방해죄에 해당하지 않는다. 따라서 모두 무죄이다.

• 대법원 – '상해' 부분을 파기환송(유죄 취지)

경찰관 L 씨가 피고인 C 씨를 의사에 반하여 파출소로 동행하기 위하여 C 씨의 팔을 잡은 행위가 부적법한 것으로서 C 씨가 부당한 법익침해를 방위하기 위하여 이에 저항할 수 있다고 하더라도, C 씨가 L 씨의 위법한 강제연행에 저항하는 정도를 넘어 주먹과 발로 A 씨, L 씨의 가슴과 다리, 목 등을 때리고 차는 등으로 L 씨에게 상해를 가한 행위는 L 씨의 부당한 법익침해를 방위하기 위하여 상당한 이유가 있는 행위라고 볼 수 없어 상해죄(형법 제257조 제1항)에 해당한다(C 씨의 방위행위가 상당한 정도를 초과하여 정당방위의 '상당성' 요건이 충족되지 않는다는 취지임).

한편 이때 C 씨의 L 씨에 대한 폭행행위가 공무집행방해죄(형법 제136조 제1항)를 구성하지는 않는다. 공무집행방해죄는 '적법'하게 직무를 집행하는 공무원에 대한 폭행·협박이어야 하는데, L 씨의 체포행위는 적법한 공무집행이 아니기 때문이다.

한 걸음 더

파기환송 후 결과

본 사안에서 환송 후 항소심은, 대법원의 파기환송 취지에 따라 피고인 C 씨에게 상해죄를 인정하면서(공무집행방해 부분은 무죄로 확정됨), 다만 경찰관 L 씨의 부적법한 직무집행에 대한 C 씨의 방위행위가 상당한 정도를 초과함으로써 정당방위로 인정되지 않는 점 및 술에 취해 우발적으로 범행에 이른 점 등을 참작하여 벌금 200만 원의 선고를 유예하였다.

참고 판례

경찰관이 현행범인 체포의 요건을 갖추지 못하였음에도 실력으로 현행범인으로 체포하려고 하였다면 적법한 공무집행이라고 할 수 없고, 현행범인이 체포를 면하려고 반항하는 과정에서 경찰관에게 폭행을 가한 것은 불법 체포로 인한 신체에 대한 현재의 부당한 침해에서 벗어나기 위한 행위로서 정당방위에 해당하여 위법성이 조각된다(대법원 2016. 1. 28. 선고 2015도3928 판결).

상대방과의 대화 내용을 녹음한 파일 사본과 녹취록의 증거능력이 인정될 수 있을까?

대법원 2012. 9. 13. 선고 2012도7461 판결

사안 바라보기

디지털 녹음기로 상대방과의 대화를 녹음한 후 저장된 녹음파일 원본을 컴퓨터에 복사하고 디지털 녹음기의 파일 원본을 삭제한 뒤 다음 대화를 다시 녹음하는 과정을 반복하여 작성한 녹음파일 사본과 녹취록의 증거능력이 인정될까?

녹음파일 사본이 타인 간의 대화를 녹음한 것이 아니라면 타인의 대화비밀 침해금지를 규정한 통신비밀보호법 제14조의 적용 대상이 아니다. 또한 복사 과정에서 편집되는 등의 인위적 개작 없이 원본 내용 그대로 복사된 것으로 대화자들이 진술한 대로 녹음된 것이 인정되며, 녹음 경위, 대화 장소, 내용 및 대화자 사이의 관계 등에 비추어 진술이 특히 신빙할 수 있는 상태하에서 행하여진 것으로 인정되는 경우에는 녹음파일 사본과 녹취록의 증거능력이 인정된다.

깊게 들여다보기

상대방 몰래 대화 내용을 녹음한 녹음파일 사본과 녹취록을 증거로 신청

기초지방자치단체장인 K 씨는 A 토지구획정리사업조합의 사업 완료에 필수적인 사업지구 내 기반시설 공사 등에 관한 허가·협의 권한이 자신에게 있음을 이용하여 A 조합을 상대로 손실보상금청구소송을 제기한 뒤 자신의 요구대로 조정에 응하지 않으면 사업 완료를 위한 관련 협의가 진행되지 않을 것이라고 A 조합의 대표자인 B 씨를 협박하였다.

B 씨는 K 씨와 대화를 나눌 때마다 K 씨 몰래 대화 내용을 모두 디지털 녹음기로 녹음하였는데, 디지털 녹음기의 용량에 제한이 있었기 때문에 K

씨와의 대화를 녹음한 이후 자신의 사무실로 바로 돌아와 디지털 녹음기에 저장된 녹음 원본파일을 컴퓨터에 복사하고 디지털 녹음기의 원본파일은 삭제한 후, 다시 위 디지털 녹음기로 K 씨와의 다음 대화를 녹음하는 과정을 반복하였다.

그 후 K 씨는 A 씨를 공갈하여 조정절차에서 합의를 하게 했다는 내용으로 기소되었는데, B 씨는 컴퓨터에 복사된 위 녹음파일의 사본 및 녹취록을 검찰에 제출하였고, 검사는 이를 증거로 제출하였다.

관련 규정 돋보기

통신비밀보호법 제14조(타인의 대화비밀 침해금지)

❶ 누구든지 공개되지 아니한 타인 간의 대화를 녹음하거나 전자장치 또는 기계적 수단을 이용하여 청취할 수 없다.

대화 내용을 녹음한 녹음테이프 및 파일 등 전자매체의 증거능력

피고인과 상대방 사이의 대화 내용에 관한 녹취서가 공소사실의 증거로 제출되어 녹취서의 기재 내용과 녹음테이프의 녹음 내용이 동일한지에 대하여 법원이 검증을 실시한 경우에, 증거자료가 되는 것은 녹음테이프에 녹음된 대화 내용 자체이고, 그중 피고인의 진술 내용은 실질적으로 형사소송법 제311조, 제312조의 규정 이외에 피고인의 진술을 기재한 서류와 다름없어, 피고인이 녹음테이프를 증거로 할 수 있음에 동의하지 않은 이상 녹음테이프에 녹음된 피고인의 진술 내용을 증거로 사용하기 위해서는 형사소송법 제313조 제1항 단서에 따라 공판준비 또는 공판기일에서 작성자인 상대방의 진술에 의하여 녹음테이프에 녹음된 피고인의 진술 내용이 피고인이 진술한 대로 녹음된 것임이 증명되고 나아가 진술이 특히 신빙할 수 있는 상태에서 행하여진 것임이 인정되어야 한다.

또한 대화 내용을 녹음한 파일 등 전자매체는 성질상 작성자나 진술자의 서명 또는 날인이 없을 뿐만 아니라, 녹음자의 의도나 특정한 기술에 의하여 내용이 편집·조작될 위험성이 있음을 고려하여, 대화 내용을 녹음한 원본이거나 원본으로부터 복사한 사본일 경우에는 복사 과정에서 편집되는 등의 인위적 개작 없이 원본의 내용 그대로 복사된 사본임이 증명되어야 한다.

녹음파일 사본과 녹취록의 증거능력이 인정되어 K 씨를 공갈죄로 처벌

대법원은 B 씨가 K 씨와 대화하면서 녹음한 녹음파일 사본은 타인 간의 대화를 녹음한 것이 아니므로 타인의 대화비밀 침해금지를 규정한 통신비밀보호법 제14조의 적용 대상이 아니고, 녹음파일 사본이 복사 과정에서 편집되는 등의 인위적 개작 없이 원본의 내용 그대로 복사된 것으로 대화자들이 진술한 대로 녹음된 것으로 인정되며, 나아가 녹음 경위, 대화 장소, 내용 및 대화자 사이의 관계 등에 비추어 진술이 특히 신빙할 수 있는 상태에서 행하여진 것으로 인정된다고 보아 녹음파일 사본과 녹취록을 증거로 사용할 수 있다고 하였다.

제 1 부

한 걸음 더

녹음 내용 원본을 그대로 복사한 것이라는 증명이 없어 증거능력이 부정된 사례

대법원은, 공직선거법 위반으로 기소된 L 씨의 발언 내용을 N 씨가 디지털 녹음기로 녹음하였고, 그 내용이 콤팩트디스크에 복사되었는데, 콤팩트디스크가 검찰에 압수되어 녹음 내용을 담은 녹취록이 증거로 제출된 사안에서, L 씨가 녹취록을 증거로 할 수 있음에 동의하지 아니하였고, 콤팩트디스크가 현장에서 L 씨의 발언 내용을 녹음하는 데 사용된 디지털 녹음기의 녹음 내용 원본을 그대로 복사한 것이라는 증명이 없는 이상, 콤팩트디스크의 내용이나 이를 녹취한 녹취록의 기재는 증거능력이 없다고 하였다(대법원 2007. 3. 15. 선고 2006도8869 판결).

불법 사행성 게임장이 운영되고 있는 건물의 임대인도 처벌받을까?

대법원 2012. 9. 27. 선고 2010도10240 판결

사안 바라보기

건물을 임차하여 불법 사행성 게임장을 운영한 경우 이들에게 건물을 임대한 사람도 처벌을 받을까?

불법 사행성 게임장 영업 사실을 알면서도 건물을 임대하였다면 형법상 방조행위에 해당하여 처벌을 받는다. 그러나 임대 당시에 건물이 불법적인 영업장소로 사용된다는 점을 알지 못했다면 임대행위가 형법상 방조행위에 해당한다고 할 수 없으며, 그 후 임대차기간 중에 임대인이 이를 알게 되었더라도 특별한 사정이 없는 한 임대차관계를 유지하는 행위가 방조행위에 해당한다고 할 수는 없다.

깊게 들여다보기

임대건물에서 불법 사행성 게임장을 운영

C 씨는 2005. 9. A 씨 등에게 자신의 소유하는 건물 1, 2층을 임대하였고, A 씨 등은 위 건물에서 게임장 영업을 하였는데 처음에는 합법적으로 게임장을 운영하다가 2006년 말경부터는 등록 또는 허가를 받지 아니하고 불법 사행성 게임장을 운영하였다. 한편 C 씨는 2007. 3. '2층 게임장 주인이 바뀌었으니 L 씨의 명의로 임대차계약서를 작성해 달라'는 A 씨 등의 요청에 따라 건물 2층에 관하여 L 씨를 임차인으로 하는 내용의 임대차계약서를 작성해 주었다.

C 씨는 A 씨 등의 게임산업진흥에 관한 법률 위반 등 범죄행위를 용이하게 한 방조범으로 처벌받을까?

형법상 방조행위란?

형법상 방조행위는 정범이 범행을 한다는 사정을 알면서 실행행위를 용이하게 하는 직접·간접의 모든 행위를 가리키고, 정범의 실행행위 중에 이를 방조하는 경우는 물론 실행의 착수 전에 장래의 실행행위를 예상하고 이를 용이하게 하는 행위를 하는 경우에도 성립한다. 그리고 방조범은 정범의 실행을 방조한다는 이른바 '방조의 고의'와 정범의 행위가 구성요건에 해당하는 행위인 점에 관한 '정범의 고의'가 있어야 하나, 정범의 고의는 정범에 의하여 실현되는 범죄의 구체적 내용을 인식할 것을 요하는 것은 아니고 미필적 인식 또는 예견으로 족하다.

불법 사행성 게임장 영업 사실을 알면서 건물을 임대한 것은 방조행위에 해당

A 씨 등은 2006년 말경부터는 게임장 간판도 걸지 않은 채 속칭 문방(단속을 피하고 손님을 안내하기 위하여 게임장 밖에서 망을 보는 종업원)을 두고 불법게임장을 운영하기 시작하여 합법적인 게임장 운영으로 볼 수 있는 외관이 없어졌고, 그 후로도 위 게임장이 무등록 또는 무허가 게임장으로 수차 단속을 당한 사실 등에 비추어 볼 때, C 씨는 적어도 건물 2층에 관하여 L 씨 명의로 임대차계약서를 작성한 2007. 3.에는 A 씨 등이 불법 사행성 게임장 영업을 한다는 사실을 알고 있었다.

이와 같이 C 씨는 자신의 소유인 건물에서 A 씨 등이 불법 사행성 게임장 영업을 하고 있던 사실을 잘 알면서 2007. 3. 건물 2층을 임대함으로써 A 씨 등이 불법 사행성 게임장 영업을 용이하게 할 수 있도록 하였으므로, 이는 형법상 방조행위에 해당한다.

임대 당시 건물이 불법적인 영업장소로 사용된다는 것을 알지 못하였으나 그 후 이를 알게 되었다면?

건물의 임대인이 임대 당시에 건물이 불법적인 영업장소로 사용된다는 점을 알지 못하였다면 임대행위가 형법상 방조행위에 해당한다고 할 수 없고, 그 후 임대차 기간 중에 건물이 불법적인 영업장소로 사용된다는 것을 임대인이 알게 되었더라도,

임대인에게 불법영업을 방지할 법적 의무가 있다는 등의 특별한 사정이 없는 한 임대인이 그 사실을 알게 된 때부터 임대차계약에 따른 임대차기간까지 임대차관계를 유지하는 행위가 방조행위에 해당하게 된다고 할 수 없다.

이 사건에서 대법원은, C 씨가 건물 1층을 임대한 행위는 A 씨 등의 범행을 방조한 것이 아니라고 보았다. A 씨 등은 C 씨에게서 건물을 임차하여 처음에는 합법적으로 게임장을 운영하다가 나중에서야 불법적으로 게임장을 운영하였는데, C 씨가 건물 1층 임대 당시 불법적인 영업장소로 사용된다는 것을 알지 못하였다면 그 후 이를 알게 되었더라도 C 씨에게 불법영업을 방지할 법적 의무가 없는 이상 이와 같은 임대차관계 유지 행위가 방조행위에 해당한다고 볼 수 없기 때문이다.

한 걸음 더

임대건물을 불법적인 영업장소로 제공하거나, 불법적인 영업장소로 사용된다는 것을 임대인이 알게 되었는데도 임대차관계를 계속 유지하는 경우, 별개의 범죄를 구성하게 되는 경우도 있다

'성매매에 제공되는 사실을 알면서 자금, 토지 또는 건물을 제공하는 행위'는 성매매알선 등 행위의 처벌에 관한 법률 제2조 제1항 제2호 (다)목에서 정한 '성매매알선 등 행위'로서 같은 법 제19조 제1항 제1호에 따라 처벌된다. 대법원은 여기에서 말하는 '성매매에 제공되는 사실을 알면서 건물을 제공하는 행위'에는 건물 임대 후 성매매에 제공되는 사실을 알게 되었는데도 건물 제공행위를 중단하지 아니하고 계속 임대하는 경우도 포함된다고 하였다. 즉, 건물을 임대한 자가 임대 당시에는 성매매에 제공되는 사실을 알지 못하였으나 이후 수사기관의 단속 결과 통지 등으로 이를 알게 되었는데도, 건물의 임대차계약을 해지하여 임대차관계를 종료시키고 점유 반환을 요구하는 의사를 표시함으로써 제공행위를 중단하지 아니한 채 성매매에 제공되는 상황이 종료되었음을 확인하지 못한 상태로 계속 임대하는 경우도 포함한다고 하였다(대법원 2011. 8. 25. 선고 2010도6297 판결). 이는 다른 사람의 범죄를 용이하게 하는 방조범이 아니라 별도의 처벌규정을 위반한 범죄행위가 되는 경우이다.

제 1 부

특정 신문들에 광고를 게재하는 광고주들에게 광고 게재를 중단하도록 압박한 경우, 업무방해죄가 성립할까?

대법원 2013. 3. 14. 선고 2010도410 판결

사안 바라보기

특정 신문들에 광고를 게재하는 광고주들에게 소비자 불매운동의 일환으로 지속적·집단적으로 항의전화를 하거나 광고주들의 홈페이지에 항의글을 게시하는 등의 방법으로 광고게재를 중단하도록 압박하였다면, 위력으로 광고주들 및 신문사들의 업무를 방해한 형법상 업무방해죄에 해당할까?

광고주들에 대하여는 업무방해죄가 성립하지만, 신문사들에 대하여는 직접적인 위력의 행사가 있었다고 볼 수 없어 업무방해죄가 성립하지 않는다.

깊게 들여다보기

"○○신문에 광고 싣지 마!"

L 씨 등은 특정 신문들에 광고를 내는 광고주들을 상대로 집단적인 광고중단 압박을 가하여 광고주들로 하여금 광고를 중단하게 하는 방법으로 신문사에 재정적 압박을 가하여 보도태도 변경을 이끌어 내거나 신문사를 폐간에 이르게 할 목적으로 개설된 인터넷 포털사이트 카페의 운영진으로서, 광고주들을 상대로 조직적이고 대규모의 불매운동을 주도하는 한편 광고주들에게 지속적·집단적으로 항의전화를 하거나 광고주들의 홈페이지에 항의글을 게시하는 등 다양한 방법으로 광고 중단을 압박하였다.

업무방해죄의 구성요건으로서 '위력'이란?

위력으로써 사람의 업무를 방해하는 행위는 형법 제314조 제1항의 업무방해죄에 해당한다. 여기서 말하는 '위력'이란 사람의 자유의사를 제압·혼란케 할 만한 일체의 세력을 가리키는 것으로서 반드시 유형력의 행사에 국한되는 것은 아니므로 폭력·협박은 물론 사회적·경제적·정치적 지위와 권세에 의한 압박 등도 이에 포함되고, 위력으로 인하여 현실적으로 피해자의 자유의사가 제압되는 결과까지 요구되는 것은 아니더라도 적어도 피해자의 자유의사를 제압하기에 충분하다고 평가될 정도의 세력에는 이르러야 한다.

소비자불매운동이 위력에 의한 업무방해죄를 구성할 수 있어

소비자가 구매력을 무기로 상품이나 용역에 대한 자신들의 선호를 시장에 실질적으로 반영하기 위한 집단적 시도인 소비자불매운동은 본래 '공정한 가격으로 양질의 상품 또는 용역을 적절한 유통구조를 통해 적절한 시기에 안전하게 구입하거나 사용할 소비자의 제반 권익을 증진할 목적'에서 행해지는 소비자보호운동의 일환으로 헌법 제124조에 따라 제도로서 보장된다.

한편 그와는 다른 측면에서 일반 시민들이 특정한 사회, 경제적 또는 정치적 대의나 가치를 주장·옹호하거나 이를 진작시키기 위한 수단으로서 소비자불매운동을 선택하는 경우도 있을 수 있고, 이러한 소비자불매운동 역시 반드시 헌법 제124조는 아니더라도 헌법 제21조에 따라 보장되는 정치적 표현의 자유나 헌법 제10조에 내재된 일반적 행동의 자유의 관점 등에서 보호받을 가능성이 있다.

따라서 단순히 소비자불매운동이 헌법 제124조에 따라 보장되는 소비자보호운동의 요건을 갖추지 못하였다는 이유만으로 이에 대하여 아무런 헌법적 보호도 주어지지 아니한다거나 소비자불매운동에 본질적으로 내재되어 있는 집단행위로서의 성격과 대상 기업에 대한 불이익 또는 피해의 가능성만을 들어 곧바로 형법 제314조 제1항의 업무방해죄에서 말하는 위력의 행사에 해당한다고 단정할 수는 없다.

다만 소비자불매운동이 헌법상 보장되는 정치적 표현의 자유나 일반적 행동의 자유 등의 점에서도 전체 법질서상 용인될 수 없을 정도로 사회적 상당성을 갖추지 못한 때에는 그 행위 자체가 위법한 세력의 행사로서 형법 제314조 제1항의 업무방해죄에서 말하는 위력의 개념에 포섭될 수 있다.

L 씨 등의 광고 중단 압박행위는 광고주들에 대하여 업무방해죄가 성립

L 씨 등이 벌인 불매운동의 목적, 조직과정, 대상 기업의 선정경위, 불매운동의 규모 및 영향력, 불매운동의 실행 형태, 불매운동의 기간, 대상 기업인 광고주들이 입은 불이익이나 피해의 정도 등에 비추어, L 씨 등이 공모하여 광고주들에게 지속적·집단적으로 항의전화를 하거나 항의글을 게시하고 그 밖의 다양한 방법으로 광고 중단을 압박한 행위는 피해자인 광고주들의 자유의사를 제압할 만한 세력으로서 위력에 해당한다.

위력 행사의 상대방이 피해자가 아닌 제3자인 경우에도 피해자에 대한 업무방해죄가 성립할까?

업무방해죄의 위력은 원칙적으로 피해자에게 행사되어야 하므로, 위력 행사의 상대방이 피해자가 아닌 제3자인 경우 그로 인하여 피해자의 자유의사가 제압될 가능성이 직접적으로 발생함으로써 이를 실질적으로 피해자에 대한 위력의 행사와 동일시할 수 있는 특별한 사정이 있는 경우가 아니라면 피해자에 대한 업무방해죄가 성립한다고 볼 수 없다.

이때 제3자에 대한 위력의 행사로 피해자의 자유의사가 직접 제압될 가능성이 있는지는 위력 행사의 의도나 목적, 위력 행사의 상대방인 제3자와 피해자의 관계, 위력의 행사 장소나 방법 등 태양, 제3자에 대한 위력의 행사에 관한 피해자의 인식 여부, 제3자에 대한 위력의 행사로 피해자가 입게 되는 불이익이나 피해의 정도, 피해자에 의한 위력의 배제나 제3자에 대한 보호의 가능성 등을 종합적으로 고려하여 판단하여야 한다.

L 씨 등의 광고 중단 압박행위가 신문사에 대하여도 업무방해죄의 위력에 해당한다고 보기는 어려워

이 사건의 원심은 위력의 상대방이 신문사들이 아니라 광고주들이었더라도 광고주들에 대한 위력 행사로 신문사들의 광고영업 업무가 방해되었다면 신문사들에 대한 업무방해가 인정된다고 하였다.

그러나 대법원은 L 씨 등의 행위로 신문사들이 실제 입은 불이익이나 피해의 정도, 그로 인하여 신문사들의 영업활동이나 보도에 관한 자유의사가 제압될 만한 상황에 이르렀는지 등에 대한 구체적인 심리 없이 단순히 제3자에 대한 위력의 행사와 피해자의 업무에 대한 방해의 결과나 위험 사이에 인과관계가 인정되기만 하면 곧바로 피해자에 대한 위력의 행사가 있다고 할 수는 없다는 이유로 사건을 파기환송하였다.

한 걸음 더

소비자불매운동에서 이루어진 행위가 강요죄나 공갈죄의 수단인 '협박'에 해당할 수도 있다

A 씨 등이 K 회사가 특정 신문들에 광고를 편중했다는 이유로 기자회견을 열어 K 회사에 대하여 불매운동을 하겠다고 하면서 특정 신문들에 대한 광고를 중단할 것과 다른 신문들에 대해서도 동등하게 광고를 집행할 것을 요구하고 K 회사 홈페이지에 그와 같은 내용의 팝업창을 띄우게 한 사안에서, 대법원은 불매운동의 목적, 조직 과정 및 규모, 대상 기업으로 K 회사 하나만을 선정한 경위, 기자회견을 통해 공표한 불매운동의 방법 및 대상 제품, K 회사 직원에게 고지한 요구사항의 구체적인 내용, 공표나 고지행위 당시의 상황, 그에 대한 K 회사 경영진의 반응, 요구사항에 응하지 않을 경우 K 회사에 예상되는 피해의 심각성 등 제반 사정을 고려할 때, A 씨 등의 행위는 K 회사의 의사결정권자로 하여금 요구를 수용하지 아니할 경우 불매운동이 지속되어 영업에 타격을 입게 될 것이라는 겁을 먹게 하여 의사결정 및 의사실행의 자유를 침해한 것으로 강요죄나 공갈죄의 수단으로서의 협박에 해당한다고 판단하였다(대법원 2013. 4. 11. 선고 2010도13774 판결).

소비자
광고
중단
△△주식회사

위법한 강제연행 상태에서 이루어진 음주측정 결과의 증거능력이 인정될까?

대법원 2013. 3. 14. 선고 2010도2094 판결

사안 바라보기

경찰관들이 체포의 이유와 변호인 선임권을 알려주는 등 적법한 절차를 지키지 아니하고 강제연행을 한 상태에서 호흡측정 방법에 따른 음주측정을 하였는데 음주운전으로 처벌받는 결과가 나왔다. 이에 항의하여 혈액채취 방법에 따른 음주측정을 하였으나 역시 처벌기준치를 초과하는 결과가 나왔다면, 음주측정 결과에 따른 처벌을 받게 될까?

위법한 강제연행 상태에서 이루어진 음주측정 결과는 위법수집증거 배제의 원칙에 따라 증거능력을 인정할 수 없다. 나아가 강제연행 상태로부터 시간적·장소적으로 단절되었다고 볼 수 없는 상황에서 피의자의 요구에 따라 혈액채취 방법에 따른 음주측정을 하였더라도 그 결과 역시 유죄의 증거로 쓸 수 없다.

깊게 들여다보기

위법한 강제연행 상태에서 이루어진 음주측정으로 음주운전으로 처벌받는 결과가 나왔는데

K 씨는 승용차를 운전하다가 A 씨 차량의 후사경을 부딪쳤다는 이유로 A 씨와 시비가 벌어졌다. 신고를 받고 현장에 출동한 경찰관들이 K 씨가 음주운전을 했다고 의심하여 음주측정을 위해 지구대로 동행할 것을 요구하자 K 씨는 '술을 마시지 않았고 사고도 내지 않았다'는 취지로 주장하면서 계속해서 순찰차에 타기를 거부하였다. 이에 4명의 경찰관이 K 씨의 팔다리를 잡아 강제로 순찰차에 태워 지구대로 데려갔는데, 그 과정에서 경찰관들은 K 씨에게 형사소송법 제200조의5에 정한 사항을 고지하는 등의 절차를 지키지 아니하였다.

K 씨는 지구대로 연행된 후 경찰관들로부터 호흡조사 방법에 따른 음주측정에 응할 것을 요구받았으나 이를 거부하다가 계속 음주측정에 불응할 경우 구속된다는 말을 듣고 호흡측정에 응하였는데 음주운전으로 처벌받는 결과가 나왔다. 이에 담당 경찰관은 K 씨에게 이제 다 끝났으니 집으로 가라는 취지로 여러 차례 말하였으나, K 씨는 운전 당시에는 음주를 한 상태가 아니었고 호흡측정 결과도 받아들일 수 없다는 취지로 항의하면서 혈액측정을 요구하였다. 이에 경찰관이 K 씨와 인근 병원에 동행하여 채혈을 하였는데 채혈 결과도 처벌기준치를 초과하였다.

관련 규정 돋보기

형사소송법

- **제200조의5(체포와 피의사실 등의 고지)**
  검사 또는 사법경찰관은 피의자를 체포하는 경우에는 피의사실의 요지, 체포의 이유와 변호인을 선임할 수 있음을 말하고 변명할 기회를 주어야 한다.
- **제213조의2(준용규정)**
  제200조의5의 규정은 검사 또는 사법경찰관리가 현행범인을 체포하거나 현행범인을 인도받은 경우에 이를 준용한다.
- **제308조의2(위법수집증거의 배제)**
  적법한 절차에 따르지 아니하고 수집한 증거는 증거로 할 수 없다.

적법한 절차를 위반하여 수집한 증거와 이를 기초로 획득한 2차적 증거의 증거능력

적법한 절차에 따르지 아니한 위법행위를 기초로 하여 증거가 수집된 경우에는 그 증거뿐 아니라 그에 터 잡아 획득한 2차적 증거도 증거능력이 부정된다.

다만 증거수집 과정에서 이루어진 적법절차 위반행위의 내용과 경위 및 관련 사정을 종합하여 볼 때 당초의 적법절차 위반행위와 증거수집 행위의 중간에 행위의 위법 요소가 제거 내지 배제되었다고 볼 만한 다른 사정이 개입됨으로써 인과관계가 단절된 것으로 평가할 수 있는 예외적인 경우에는 2차적 증거를 유죄 인정의 증거로 사용할 수 있다.

K 씨의 음주측정 결과와 채혈감정 결과는 모두 유죄의 증거로 삼을 수 없어

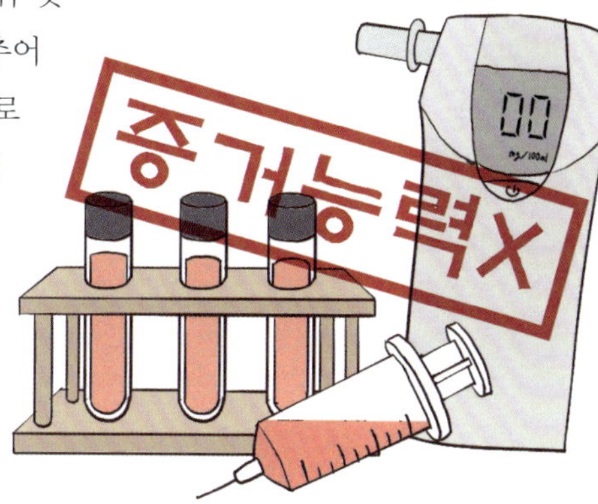

대법원은 K 씨의 연행 경위 및 채혈에 이르는 과정 등에 비추어 경찰관들이 K 씨를 지구대로 강제연행한 행위는 위법한 체포에 해당하므로 그 상태에서 한 음주측정요구는 위법한 수사라고 볼 수밖에 없고, 그러한 요구에 따른 음주측정 결과 또한 적법한 절차에 따르지 아니하고 수집한 증거로서 증거능력을 인정할 수 없다고 하였다.

특히 K 씨가 적법한 절차에 따르지 아니하고 수집한 증거인 호흡조사 방법에 따른 음주측정 결과에 이의를 제기하고 채혈을 하기에 이른 과정 등 제반 사정에 비추어 보면, 혈액채취 방법에 따른 혈중알코올농도 감정서 및 주취운전자 적발보고서 역시 불법체포의 연장선상에서 수집된 증거 내지 이를 기초로 한 2차적 증거로서 형사소송법 제308조의2에 규정된 '적법한 절차에 따르지 아니하고 수집된 증거'에 해당하므로 이는 원칙적으로 유죄 인정의 증거로 삼을 수 없다고 하였다.

나아가 강제연행과 호흡측정 및 채혈에 이르기까지의 장소적 연계와 시간적 근접성 등 연결된 상황에 비추어 볼 때, 당시 불법적인 호흡측정을 마친 경찰관이 K 씨에게 귀가를 권유하였음에도 K 씨 스스로 채혈을 요구하였다는 등의 사정만으로는 채혈이 위법한 체포 상태에 의한 영향이 완전하게 배제되고 피의자의 자유로운 의사결정이 확실하게 보장된 상태에서 이루어진 것으로서 불법체포와 증거수집 사이의 인과관계가 단절되었다고 평가할 만한 객관적 사유가 개입되어 위법수집증거 배제의 원칙이 적용되지 않는다고 할 예외적 사유에 해당한다고 보기는 어렵다고 하였다.

한 걸음 더

2차적 증거의 증거능력을 인정한 사례

마약 투약 혐의를 받고 있던 L 씨가 임의동행을 거부한다는 의사를 표시하였으나 경찰관들이 L 씨를 영장 없이 강제로 연행한 상태에서 마약 투약 여부의 확인을 위한 1차 채뇨절차가 이루어졌는데, 그 후 압수영장에 기하여 2차 채뇨절차가 이루어지고 그 결과를 분석한 소변 감정서 등이 증거로 제출되었다. 대법원은 1차 채뇨 요구에 의하여 수집된 증거는 증거능력이 없으나, 연행 당시 L 씨에 대하여 긴급한 구호의 필요성이 있었고, 경찰관들이 임의동행시점으로부터 얼마 지나지 않아 긴급체포 절차를 밟는 등 절차의 잘못을 시정하려고 하였으므로 임의동행조치가 관련 법규정으로부터 실질적으로 일탈한 정도가 영장주의 원칙을 현저히 침해할 정도에 이르렀다고 보기 어려운 점 등 제반 사정을 고려할 때 2차적 증거인 소변 감정서 등은 증거능력이 인정된다고 하였다(대법원 2013. 3. 14. 선고 2012도13611 판결).

악성프로그램을 이용하여 포털사이트 검색 순위를 조작한 경우, '정보통신망 장애'에 의한 정보통신망 이용촉진 및 정보보호 등에 관한 법률 위반죄가 성립할까?

대법원 2013. 3. 28. 선고 2010도14607 판결

사안 바라보기

악성프로그램을 유포하여 포털사이트에서 특정 검색어에 대하여 '연관검색어', '자동완성어'를 생성하거나 특정 웹사이트의 순위를 향상시켰다면, '정보통신망 장애'에 의한 정보통신망 이용촉진 및 정보보호 등에 관한 법률 위반죄가 성립할까?

정보통신망에서 처리가 예정된 종류의 정보자료인 이상 허위의 정보자료를 처리하게 함으로써 정보통신망 관리자나 이용자의 주관적 입장에서 보아 진실에 반하는 정보처리 결과를 만들어 내었더라도, 정보통신망에서 정보를 수집·가공·저장·검색·송신 또는 수신하는 기능을 물리적으로 수행하지 못하게 하거나 기능 수행을 저해하지 않았다면 '정보통신망 장애'에 의한 정보통신망 이용촉진 및 정보보호 등에 관한 법률 위반죄로 처벌할 수 없다.

이와 별개로 허위의 정보를 입력하여 정보처리에 장애를 발생하게 하여 타인의 업무를 방해한 경우에 해당하여 형법상 컴퓨터 등 장애 업무방해죄가 성립한다.

깊게 들여다보기

악성프로그램을 이용하여 포털사이트의 검색 순위를 조작

인터넷 광고대행사인 I 회사의 대표자인 K 씨는 I 회사가 운영하는 웹사이트에서 무료프로그램을 다운로드받을 경우 악성프로그램이 숨겨진 'ActiveX'를 필수적으로 설치하도록 유도하는 방법으로 50,000여 대의 컴퓨터에 악성프로그램을 설치하였다.

위 프로그램은 피해 컴퓨터에서 추가적인 명령 없이 자동으로 실행되면서 I 회사의 서버 컴퓨터의 작업 지시에 따라 포털사이트인 네이버의 검색창에 지시된 검색어를 입력하고 검색 결과에서 지시된 업체의 웹사이트를 클릭한 것처럼 네이버 시스템에 허위의 신호를 발송하도록 한 것으로서, 그로 인하여 네이버의 관련 시스템 서버는 피해 컴퓨터 사용자들이 실제로 검색어를 입력하고 해당 웹사이트를 클릭한 것으로 정보처리를 하게 된다. K 씨는 위 프로그램을 이용하여 C 씨가 운영하는 꽃배달 업체 등과 관련된 특정 검색어에 대하여 '연관검색어', '자동완성어'를 생성하거나 해당 웹사이트의 순위를 향상시키는 작업 등을 해 주었다.

관련 규정 돋보기

정보통신망 이용촉진 및 정보보호 등에 관한 법률(약칭: 정보통신망법)
제48조(정보통신망 침해행위 등의 금지)

③ 누구든지 정보통신망의 안정적 운영을 방해할 목적으로 대량의 신호 또는 데이터를 보내거나 부정한 명령을 처리하도록 하는 등의 방법으로 정보통신망에 장애가 발생하게 하여서는 아니 된다.

형법 제314조(업무방해)

① 제313조의 방법 또는 위력으로써 사람의 업무를 방해한 자는 5년 이하의 징역 또는 1천 500만 원 이하의 벌금에 처한다.

② 컴퓨터 등 정보처리장치 또는 전자기록 등 특수매체기록을 손괴하거나 정보처리장치에 허위의 정보 또는 부정한 명령을 입력하거나 기타 방법으로 정보처리에 장애를 발생하게 하여 사람의 업무를 방해한 자도 제1항의 형과 같다.

정보통신망법 제48조 제3항 위반죄의 구성요건인 '정보통신망의 안정적 운영을 방해하는 장애'와 '부정한 명령'의 의미

정보통신망법 제48조 제3항에서 정한 '정보통신망 장애 행위'로 처벌하기 위해서는 정보통신망의 안정적 운영을 방해하는 장애가 발생되어야 한다. 여기서 '정보통신망의 안정적 운영을 방해하는 장애'는 정보통신망에서 정보를 수집·가공·저장·검색·송신 또는 수신하는 기능을 물리적으로 수행하지 못하게 하거나 기능 수행을 저해하는 것을 의미한다.

따라서 위 규정에서 정한 '부정한 명령'은 '대량의 신호 또는 정보자료'를 보내는 것과 마찬가지로 정보통신망의 안정적 운영을 방해하는 장애가 발생될 수 있는 방법의 하나로서 그에 해당하는 명령이라고 해석하여야 하므로, 정보통신망의 운영을 방해할 수 있도록 정보통신망을 구성하는 컴퓨터 시스템에 시스템 목적상 예정하고 있지 않은 프로그램을 실행하게 하거나 시스템의 프로그램을 구성하는 개개의 명령을 부정하게 변경, 삭제, 추가하거나 프로그램 전체를 변경하게 하는 것이 이에 해당한다

그러나 비록 허위의 정보자료를 처리하게 하였더라도 그것이 정보통신망에서 처리가 예정된 종류의 정보자료인 이상 정보통신망법 제48조 제3항에서 정한 '부정한 명령'을 처리하게 한 것이라 할 수 없고, 그와 같이 허위의 자료를 처리하게 함으로써 정보통신망의 관리자나 이용자의 주관적 입장에서 보아 진실에 반하는 정보처리 결과를 만들어 내었다고 하더라도 정보통신망에서 정보를 수집·가공·저장·검색·송신 또는 수신하는 기능을 물리적으로 수행하지 못하게 하거나 기능 수행을 저해하지는 아니하는 이상 '정보통신망 장애'에 해당한다고 할 수 없으므로, 이를 '정보통신망 장애'에 의한 정보통신망법 위반죄로 처벌할 수는 없다.

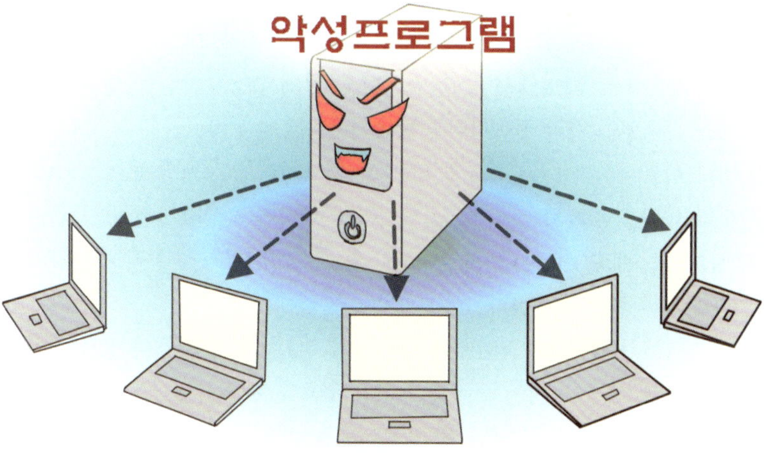

K 씨를 '정보통신망 장애'에 의한 정보통신망법 위반죄로 처벌할 수는 없어

대법원은 K 씨가 네이버의 관련 시스템 서버에 마치 컴퓨터 사용자들이 실제로 네이버의 검색창에 검색어를 입력하였거나 해당 업체의 웹사이트를 클릭한 것처럼 사실과 다른 정보자료를 보냈더라도 그것이 네이버의 관련 시스템에서 통상적인 처리가 예정된 종류의 정보자료여서 정보통신망의 안정적 운영을 방해하는 장애가 발생될 수 있는 방법이 사용되었다고 보기 어려우므로 정보통신망법 제48조 제3항에서 정한 '부정한 명령'을 처리하게 한 것은 아니라고 하였다.

나아가 K 씨의 행위로 네이버의 관련 시스템 서버가 컴퓨터 사용자들이 실제로 검색어를 입력하고 해당 웹사이트를 클릭한 것으로 정보처리를 하고 자동완성어나 연관검색어를 생성하거나 해당 웹사이트의 순위를 향상시켰더라도 그로써 네이버의 관련 시스템에서 정보를 수집·가공·저장·검색·송신 또는 수신하는 기능을 물리적으로 수행하지 못하게 되거나 기능 수행이 저해되었다고 할 수 없어 '정보통신망 장애'가 발생되었다고 할 수 없으므로, '정보통신망 장애'에 의한 정보통신망법 위반죄가 성립된다고 할 수 없다고 판단하였다.

K 씨를 형법상 '컴퓨터 등 장애 업무방해죄'로 처벌

형법 제314조 제2항에서 정한 '컴퓨터 등 장애 업무방해죄'가 성립하기 위해서는 가해행위 결과 정보처리장치가 사용목적에 부합하는 기능을 하지 못하거나 사용목적과 다른 기능을 하는 등 정보처리에 장애가 현실적으로 발생하였을 것을 필요로 하지만, 정보처리에 장애를 발생하게 하여 업무방해의 결과를 초래할 위험이 발생한 이상, 업무방해의 결과가 실제로 발생하지 않더라도 위 죄가 성립한다.

이 사건에서 악성프로그램이 설치된 피해 컴퓨터 사용자들이 실제로 네이버 검색창에 해당 검색어로 검색하거나 검색 결과에서 해당 스폰서링크를 클릭하지 않았는데도 K 씨가 위 프로그램을 이용하여 그와 같이 검색하고 클릭한 것처럼 네이버의 관련 시스템 서버에 허위의 신호를 발송하는 방법의 작업을 하였으므로, 이는 객관적으로 진실에 반하는 내용의 정보인 '허위의 정보'를 입력한 것에 해당한다. 그 결과 네이버의 관련 시스템 서버에서 실제적으로 검색어가 입력되거나 특정 스폰서링크가 클릭된 것으로 인식하여 그에 따른 정보처리가 이루어졌으므로 이는 네이버의 관련 시스템 등 정보처리장치가 사용목적에 부합하는 기능을 하지 못하거나 사용목적과 다른 기능을 함으로써 정보처리의 장애가 현실적으로 발생한 것이고, 이로 인하여 네이버의 검색어 제공서비스 등의 업무나 네이버의 스폰서링크 광고주들의 광고 업무가 방해되었으므로, 컴퓨터 등 장애 업무방해죄가 성립한다.

한 걸음 더

그 밖에 K 씨에게 적용되는 처벌 규정은 무엇이 있을까?

피해 컴퓨터에 설치된 프로그램은 피해 컴퓨터 사용자들과 네이버의 정보통신시스템, 데이터 또는 프로그램의 운용을 방해할 수 있는 악성프로그램에 해당하므로, 이를 설치한 K 씨에게 정보통신망법 제48조 제2항에서 정한 악성프로그램 유포죄가 성립하고, 악성프로그램이 설치됨으로써 K 씨는 정당한 접근권한 없이 또는 허용된 접근권한을 넘어 피해 컴퓨터 사용자들이 사용하는 정보통신망에 침입하였으므로, 정보통신망법 제48조 제1항에서 정한 정보통신망 침입죄가 성립한다. 한편 K 씨가 위 프로그램을 이용하여 네이버 스폰서링크를 부정클릭함으로써 해당 업체가 스폰서링크 광고대행사에게 광고비를 지급하게 하였으므로, 이는 형법 제347조의2에서 정한 컴퓨터 등 사용사기죄가 성립한다.

제 2 부

국민에게 신뢰받는 법원

직장 상사의 확인되지 않은 비리 사실을 진실이라고 믿고 동료들에게 말한 경우, 허위사실 적시에 의한 명예훼손죄가 성립할까?

대법원 2013. 5. 9. 선고 2012도15345 판결

사안 바라보기

보험회사에 근무하는 직원 L 씨는 동료 직원들에게 '보험사기 조사 등 업무 부서의 부장 H 씨가 보험금 부당지급 의혹이 제기된 사건을 처리하면서 돈을 받았고, 부장의 지위를 이용하여 조사를 방해하였다'고 말하였다. 그런데 회사에서 실시한 특별조사에서 H 씨의 부정이나 비리 사실이 확인되지는 않았다. L 씨는 허위사실 적시에 의한 명예훼손죄(형법 제307조 제2항)로 처벌받을까?

L 씨가 직장 상사 H 씨의 확인되지 않은 비리 사실을 동료 직원들에게 언급함으로써 그 내용이 전파되어 H 씨에 대한 사회적 평가가 나빠졌더라도 L 씨가 H 씨의 비리 사실이 허위라는 점을 인식하지 못하였다면 허위사실 적시에 의한 명예훼손죄로 처벌할 수 없다.

깊게 들여다보기

동료 직원들에게 직장 상사의 비리 사실을 말했는데 진상은 명확하게 밝혀지지 않고

보험회사 내 보험사기 조사 등 업무 부서에 근무하는 직원 L 씨는 보험금의 지급 및 환급 과정에 내부 직원들의 비리가 있다는 의심을 가지고 대표이사에게 이러한 의혹을 제보하였고, 이에 따라 회사에서 진상조사를 실시할 특별조사팀이 구성될 예정이었다. 그 무렵 L 씨는 보험금 지급 및 환급 과정의 문제점을 조사하는 동료 직원 2명을 만나 점심식사를 하면서 '같은 부서의 부장 H 씨가 보험금 부당지급 의혹이 제기된 사건을 처리하면서 돈을 받았고, 부장의 지위를 이용하여 조사를 방해하였다'고 단정적으로 반복하여 말하였다. 그런데 그 후 실제로 회사에서 특별조사팀을 구성하여 비리 의혹에 관한 진상조사를 하였으나, 보험금 지급 및 환급 과정에서 H 씨의 부정과 비리가 명확하게 밝혀지지 않았고 H 씨에 대하여 징계 등 조치는 이루어지지 않았다.

관련 규정 돋보기

형법 제307조(명예훼손)

② 공연히 허위의 사실을 적시하여 사람의 명예를 훼손한 자는 5년 이하의 징역, 10년 이하의 자격정지 또는 1천만 원 이하의 벌금에 처한다.

허위사실 적시에 의한 명예훼손죄가 성립하려면?

형법 제307조 제2항의 허위사실 적시에 의한 명예훼손죄가 성립하려면 적시하는 사실이 허위여야 할 뿐만 아니라, 피고인이 그와 같은 사실을 적시할 때 적시하는 사실이 허위임을 인식하여야 한다. 그리고 허위의 점에 대한 인식, 즉 범의에 대한 증명책임은 검사에게 있다.

L 씨는 H 씨의 비리 사실이 허위임을 인식하고 있었다고 볼 수 없다

L 씨가 H 씨의 확인되지 않은 비리 사실을 대표이사에게 보고한 것에 그치지 아니하고 동료 직원들에게 단정적으로 반복하여 언급함으로써 그 내용

이 다른 직원들에게 전파되어 진실인지 여부와 관계없이 H 씨에 대한 사회적 평가는 저하되었다.

그러나 L 씨가 보험금 지급 및 환급 과정에서 내부 직원의 비리가 있다는 의심을 가지고 대표이사에게 제보하여 특별조사팀이 구성될 예정이었고, L 씨는 그러한 시점에서 보험금 지급 과정에서의 문제점을 조사하였던 동료 직원들을 만나 자신이 가진 의혹을 강하게 제기하였으며, 그 후 실제로 특별조사팀이 구성되어 L 씨가 제기한 문제에 대한 조사가 이루어진 사정 등을 고려하면, L 씨가 자신이 동료 직원들에게 언급한 H 씨의 비리 사실이 허위임을 인식하고 있었다고 단정하기 어려우므로, L 씨를 허위사실 적시에 의한 명예훼손죄(형법 제307조 제2항)로 처벌할 수 없다.

한 걸음 더

허위사실 적시에 의한 명예훼손죄에는 형법 제310조(위법성의 조각)가 적용되지 않는다

형법 제307조 제1항은 "공연히 사실을 적시하여 사람의 명예를 훼손한 자는 2년 이하의 징역이나 금고 또는 500만 원 이하의 벌금에 처한다."라고 규정하고, 형법 제310조는 "형법 제307조 제1항의 행위가 진실한 사실로서 오로지 공공의 이익에 관한 때에는 처벌하지 아니한다."라고 규정하고 있다. 따라서 허위사실이 아닌 '진실한 사실'을 상대방을 비방할 목적이 아니라 '공공의 이익'을 위하여 적시하는 행위는 비록 형법 제307조 제1항의 구성요건을 충족하더라도 형법 제310조에 의해 위법성이 조각(소멸)되어 명예훼손죄가 성립하지 않는다.

그러나 이와 달리 형법 제307조 제2항이 정하는 허위사실 적시에 의한 명예훼손죄가 성립하기 위하여는 적시한 사실이 '허위'이고, 범인이 그와 같은 사실이 허위라고 인식하였어야 하므로, 형법 제307조 제2항에 해당하는 행위에 대하여는 위법성 조각에 관한 형법 제310조를 적용할 여지가 없다(대법원 1999. 10. 22. 선고 99도3213 판결).

배우자의 현금카드를 몰래 가지고 나와 현금자동인출기에서 돈을 인출한 경우, 친족상도례가 적용되어 처벌이 면제될까?

대법원 2013. 7. 25. 선고 2013도4390 판결

사안 바라보기

남편 L 씨는 배우자의 현금카드를 몰래 가지고 나와 은행에 설치된 현금자동인출기에서 돈을 인출하여 절취하였다. 이 경우 L 씨는 배우자의 현금카드로 돈을 절취하였으므로 '친족상도례' 규정이 적용되어 처벌이 면제될 수 있을까?

절취한 현금카드를 사용하여 현금자동인출기에서 돈을 인출하는 행위는 현금자동인출기의 관리자에 대하여 절도죄가 성립하므로 친족상도례가 적용될 수 없다. 즉, 이때 절도죄의 피해자는 현금카드의 명의자인 배우자가 아니라 현금자동인출기 관리자이다. L 씨의 절도행위는 친족 간의 범죄가 아니어서 친족상도례가 적용될 수 없으므로, L 씨는 절도죄로 처벌된다.

깊게 들여다보기

배우자 현금카드 훔쳤으니 이를 사용하여 돈을 절취한 행위의 피해자도 당연히 배우자?

남편 L 씨는 배우자 K 씨와 공동소유로 등기되어 있는 부동산(주택)에 대하여 K 씨 소유 지분을 말소하는 등 이혼 비용을 마련하기 위하여, K 씨가 잠자고 있는 사이에 K 씨의 지갑에서 K 씨의 N 은행 현금카드를 몰래 가지고 나와 N 은행 지점이 관리하는 현금자동인출기에 집어넣고 비밀번호를 입력한 후 현금 500만 원을 인출하여 절취하였다. L 씨는 절도죄로 처벌될까? 아니면 '친족상도례'의 규정이 적용되어 처벌이 면제될까?

여기서 친족상도례의 적용 여부와 관련하여서는 현금 절취의 피해자를 누구로 파악할 것인가가 중요한 문제이다.

관련 규정 돋보기

형법

· **제329조(절도)**

타인의 재물을 절취한 자는 6년 이하의 징역 또는 1천만 원 이하의 벌금에 처한다.

· **제344조(친족 간의 범행)**

제328조의 규정은 제329조 내지 제332조의 죄 또는 미수범에 준용한다.

· **제328조(친족 간의 범행과 고소)**

① 직계혈족, 배우자, 동거친족, 동거가족 또는 그 배우자 간의 제323조의 죄는 그 형을 면제한다.

② 제1항 이외의 친족 간에 제323조의 죄를 범한 때에는 고소가 있어야 공소를 제기할 수 있다.

'친족상도례'란?

우리 형법은 재산범죄 중 강도죄와 손괴죄를 제외한 나머지 범죄, 즉 권리행사방해, 절도, 사기, 공갈, 횡령, 배임의 죄에 대하여 친족 간 범행의 특례(=친족상도례)를 규정하고 있다.

'친족상도례'란 친족 사이에 재산에 관한 범죄가 저질러진 경우 친족이라는 특수한 사정을 고려하여 형을 면제하거나 고소가 있어야 공소를 제기할 수 있도록 규정한 특례를 말한다. 친족 간의 일에 국가가 형벌로써 적극적으로 개입하는 것이 타당하지 않다는 형사정책적 고려에 기인한다. 이 경우에는 일단 범죄는 성립하나, 다만 친족의 범위에 따라 직계혈족, 배우자, 동거친족, 동거가족 또는 그 배우자 간의 범죄는 처벌이 면제되고(근친인 경우), 그 밖의 친족 간의 범죄는 친족인 피해자의 고소가 있어야 비로소 공소를 제기할 수 있다. 친족의 개념과 범위는 원칙적으로 민법에 따른다.

L 씨의 행위는 현금자동인출기의 관리자에 대한 절도죄이므로 친족상도례가 적용되지 않는다

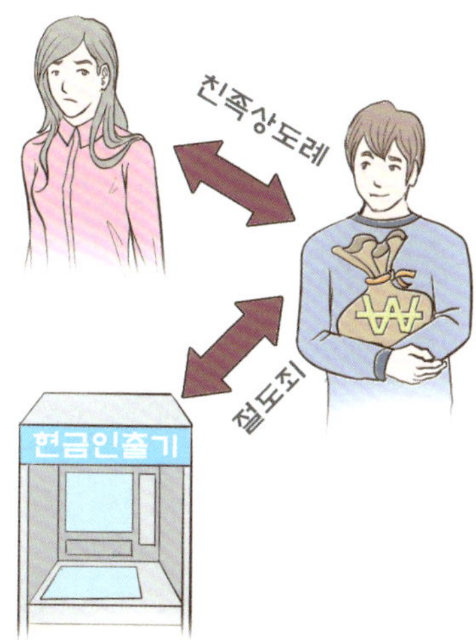

절도죄에 관한 친족상도례 규정인 형법 제344조, 제328조 제1항에 의하면 직계혈족, 배우자, 동거친족, 동거가족 또는 그 배우자 간의 절도죄는 형이 면제된다. 따라서 부부 사이에 절도 범행이 저질러진 경우 친족상도례 규정이 적용되어 처벌이 면제된다.

그런데 절취한 현금카드를 사용하여 현금자동인출기에서 현금을 인출하여 취득하는 행위는 현금자동인출기 관리자의 의사에 반하여 그의 지배를 배제하고 현금을 자기의 지배하에 옮겨 놓는 것으로 절도죄가 성립하고, 여기서 피해자는 현금카드의 명의자가 아니라 현금자동인출기 관리자이다. 따라서 L 씨의 절도행위는 친족 간의 범죄가 아니어서 친족상도례가 적용될 수 없으므로, L 씨는 절도죄로 처벌받게 된다.

한 걸음 더

친족상도례가 적용되지 않는 사례에 관한 대법원판례

A 씨는 B 씨로부터 B 씨 명의로 등록된 봉고 화물자동차를 매수하고 B 씨에게 대금을 모두 지급한 다음 이를 인도받아 집 앞에 세워두었다. 위 자동차는 아직 명의이전이 되지 않아 자동차의 소유권은 B 씨에게 남아 있었다. 그런데 B 씨의 남편인 C 씨가, 위 자동차는 B 씨 명의로 등록만 했을 뿐 실제로는 자신이 소유하기로 했다는 이유로 A 씨 몰래 자동차를 운전하여 가져갔다(절도). 대법원은, 형법 제344조에 의하여 준용되는 형법 제328조 제1항에 정한 친족 간의 범행에 관한 규정은 범인과 피해물건의 소유자 및 점유자 쌍방 간에 같은 규정에 정한 친족관계가 있는 경우에만 적용되고, 단지 절도범인과 피해물건의 소유자 간에만 친족관계가 있거나 절도범인과 피해물건의 점유자 간에만 친족관계가 있는 경우에는 적용되지 않는다고 하였다. 따라서 절도범 C 씨는 자동차 소유자 B 씨의 배우자로서 B 씨와 친족관계가 있지만, 자동차 점유자 A 씨와는 친족관계가 없으므로 친족상도례가 적용되지 않는다(대법원 2014. 9. 25. 선고 2014도8984 판결).

원저작자의 동의 없이 작성된 요약본(영문)을 구입하여 한글로 번역한 다음 번역요약본을 인터넷을 통해 유료로 제공한 경우, 원저작자의 저작권을 침해한 것일까?

대법원 2013. 8. 22. 선고 2011도3599 판결

사안 바라보기

도서 요약본 유통판매업을 하는 N 주식회사의 대표이사 J 씨는, B 외국회사로부터 B 회사가 원저작자의 동의나 승낙 없이 원저작물(영문저작물)인 도서를 요약하여 작성한 영문요약본을 구매한 다음, 이를 한글로 번역한 번역요약본을 N 회사의 인터넷 웹사이트를 통해 유료로 제공하였다. J 씨와 N 회사는 저작권법을 위반한 것일까?

J 씨가 작성한 번역요약본은 원저작물과 실질적으로 유사하여 원저작물에 대한 2차적저작물에 해당하고, 2차적저작물인 번역요약본을 작성하는 방법으로 원저작자의 2차적저작물작성권을 침해하였으므로, J 씨와 N 회사는 저작권법 위반죄로 처벌된다.

깊게 들여다보기

원저작자의 동의 없이 작성된 영문요약본을 구매하여 번역한 다음 번역요약본을 인터넷을 통해 유료로 제공하다

N 주식회사는 국내 및 해외 도서 요약본의 유통판매업을 하는 회사이고, J 씨는 N 회사의 대표이사이다. B 외국회사는 뉴질랜드 회사로서, 미국에서 M 씨 등 원저작자가 저술한 원저작물(영문저작물)인 도서를 원저작자의 동의나 승낙을 받지 않고 요약하여 영문요약본을 작성한 다음 웹사이트를 통해 제공·판매하고 있다. J 씨는 영문요약본을 구매하는 계약을 B 회사와 체결하고, B 회사로부터 영문요약본을 제공받은 다음, 이를 한글로 번역한 번역요약본 총 15종을 원저작물과 같은 제목으로 하여 N 회사의 인터넷 웹사이트를 통해 이용자들에게 유료로 제공하였다. 그런데 번역요약본은 원저작물 및 영문요약본과 목차 및 주요 내용 등에서 상당 부분 유사하

고, J 씨와 N 회사는 번역요약본을 작성할 때 M 씨 등 원저작자의 동의나 승낙을 얻지 않았다.

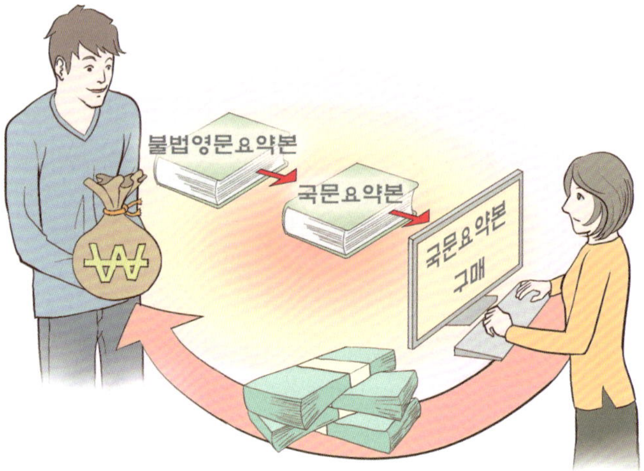

관련 규정 돋보기

저작권법

· **제5조(2차적저작물)**

❶ 원저작물을 번역·편곡·변형·각색·영상제작 그 밖의 방법으로 작성한 창작물(이하 "2차적저작물"이라 한다)은 독자적인 저작물로서 보호된다.

· **제22조(2차적저작물작성권)**

저작자는 그의 저작물을 원저작물로 하는 2차적저작물을 작성하여 이용할 권리를 가진다.

· **제136조(벌칙)**

❶ 다음 각 호의 어느 하나에 해당하는 자는 5년 이하의 징역 또는 5천만 원 이하의 벌금에 처하거나 이를 병과할 수 있다.

1. 저작재산권, 그 밖에 이 법에 따라 보호되는 재산적 권리(제93조에 따른 권리는 제외한다)를 복제, 공연, 공중송신, 전시, 배포, 대여, 2차적저작물 작성의 방법으로 침해한 자

· **제141조(양벌규정)**

법인의 대표자나 법인 또는 개인의 대리인·사용인 그 밖의 종업원이 그 법인 또는 개인의 업무에 관하여 이 장의 죄를 범한 때에는 행위자를 벌하는 외에 그 법인 또는 개인에 대하여도 각 해당조의 벌금형을 과한다.

원저작물을 요약한 요약물이 2차적저작물에 해당하기 위한 요건

저작권법 제5조 제1항은 '원저작물을 번역·편곡·변형·각색·영상제작 그 밖의 방법으로 작성한 창작물'을 '2차적저작물'이라고 규정하고 있는데, 2차적저작물이 되기 위해서는 원저작물을 기초로 수정·증감이 가해지되 원저작물과 실질적 유사성을 유지하여야 한다. 따라서 어문저작물인 원저작물을 기초로 하여 이를 요약한 요약물이 원저작물과 실질적인 유사성이 없는 별개의 독립적인 새로운 저작물이 된 경우에는 원저작물 저작권자의 2차적저작물작성권을 침해한 것이 아니다.

여기서 요약물이 원저작물과 실질적인 유사성이 있는지는 요약물이 원저작물의 개요, 구조, 주된 구성 등을 그대로 유지하고 있는지, 요약물이 원저작물의 문장들 중 일부만을 선택하여 발췌한 것이거나 발췌한 문장들의 표현을 단순히 단축한 정도에 불과한지, 원저작물과 비교한 요약물의 상대적인 분량, 요약물의 원저작물에 대한 대체가능성 등을 종합적으로 고려하여 판단해야 한다.

J 씨가 작성한 번역요약본은 원저작물과 실질적으로 유사하므로 J 씨와 N 회사는 원저작자의 2차적저작물작성권을 침해하였다

J 씨가 작성한 번역요약본은 원저작물과 목차 및 주요 내용 등에서 상당 부분 유사성을 지니고 있어 실질적으로 유사하므로 원저작물에 대한 2차적저작물에 해당한다. J 씨는 2차적저작물인 번역요약본을 작성하는 방법으로 원저작자인 M 씨 등의 2차적저작물작성권을 침해하였으므로, J 씨와 N 회사는 저작권법 위반죄로 처벌된다.

한 걸음 더

재판의 경과

제1심은, J 씨가 B 회사와 계약을 체결한 다음 비용을 지급하고 영문요약본을 제공받아 온 이상 B 회사가 원저작물의 저작권을 침해하였다는 사정을 인식할 수 없었다고 보아 J 씨와 N 회사에게 무죄를 선고하였다. 그러나 항소심은 J 씨와 N 회사가 2차적저작물인 번역요약본을 작성하는 방법으로 원저작자의 저작권을 침해하였다는 이유로 각 벌금 100만 원을 선고하였고, 대법원이 J 씨와 N 회사의 상고를 기각함으로써 위 벌금형이 확정되었다.

인터넷 링크를 하는 행위가 저작권법상 2차적저작물 작성에 해당할까?

대법원은, 인터넷 링크(Internet link)는 인터넷에서 링크하고자 하는 웹페이지나 웹사이트 등의 서버에 저장된 개개의 저작물 등의 웹 위치 정보 내지 경로를 나타낸 것에 불과하여, 인터넷 이용자가 링크 부분을 클릭함으로써 링크된 웹페이지나 개개의 저작물에 직접 연결하더라도 저작권법상 복제, 전시 또는 2차적저작물에 해당하지 않는다고 보았다(대법원 2016. 5. 26. 선고 2015도16701 판결).

타인 명의의 예금통장(대포통장) 등을 거래한 경우, 전자금융거래법 위반죄로 처벌받을까?

대법원 2013. 8. 23. 선고 2013도4004 판결

사안 바라보기

A 씨 등은 B 씨 등에게서 C 씨 등 명의로 발급된 은행 예금통장, 비밀번호, 현금카드 등의 전자금융거래 접근매체를 매수하였다가, 이를 D 씨 등에게 다시 판매하였다. 그 후 위 통장 등은 전화금융사기 조직원들에게 넘겨져 다수의 사기 범행의 입출금 수단으로 사용되었다. A 씨 등은 접근매체의 양수·양도로 인한 전자금융거래법 위반죄로 처벌받을까?

A 씨 등이 접근매체의 소유권 내지 처분권을 확정적으로 이전받아 이를 다시 이전하였으므로, 전자금융거래법상 처벌대상인 '접근매체의 양수 또는 양도'에 해당한다. 따라서 A 씨 등은 전자금융거래법 제49조 제4항 제1호, 제6조 제3항 제1호에 따라 처벌된다.

깊게 들여다보기

타인 명의의 예금통장 등 접근매체를 매수하여 전화금융사기조직에 판매하다

A 씨 등은 사무실까지 차려 놓고 B 씨 등에게서 C 씨 등 개인 및 법인 명의로 발급된 은행 예금통장, 비밀번호, 현금카드 등의 전자금융거래 접근매체를 계획적·조직적으로 매수하였다. A 씨 등은 위 통장 등을 퀵서비스를 통해 D 씨 등에게 보내주고 돈을 받는 등으로 다시 판매하였다. 그 후 위 통장 등은 보이스피싱(Voice phishing, 사기전화)을 비롯한 전화금융사기 조직원들에게 넘겨져 대출, 조건만남 등을 빙자한 다수의 사기 범행의 입출금 수단으로 사용되었다. A 씨 등은 접근매체의 양수 또는 양도로 인한 전자금융거래법 위반으로 기소되었다.

관련 규정 돋보기

전자금융거래법

· **제2조(정의)**

이 법에서 사용하는 용어의 정의는 다음과 같다.

10. "접근매체"라 함은 전자금융거래에 있어서 거래지시를 하거나 이용자 및 거래내용의 진실성과 정확성을 확보하기 위하여 사용되는 다음 각 목의 어느 하나에 해당하는 수단 또는 정보를 말한다.

가. 전자식 카드 및 이에 준하는 전자적 정보

나. 전자서명법 제2조 제4호의 전자서명생성정보 및 같은 조 제7호의 인증서

다. 금융회사 또는 전자금융업자에 등록된 이용자번호

라. 이용자의 생체정보

마. 가목 또는 나목의 수단이나 정보를 사용하는 데 필요한 비밀번호

· **제6조(접근매체의 선정과 사용 및 관리)**

③ 누구든지 접근매체를 사용 및 관리함에 있어서 다른 법률에 특별한 규정이 없는 한 다음 각 호의 행위를 하여서는 아니 된다. [단서 생략]

1. 접근매체를 양도하거나 양수하는 행위

· **제49조(벌칙)**

④ 다음 각 호의 어느 하나에 해당하는 자는 3년 이하의 징역 또는 2천만 원 이하의 벌금에 처한다.

1. 제6조 제3항 제1호를 위반하여 접근매체를 양도하거나 양수한 자

이른바 '대포통장'이란?

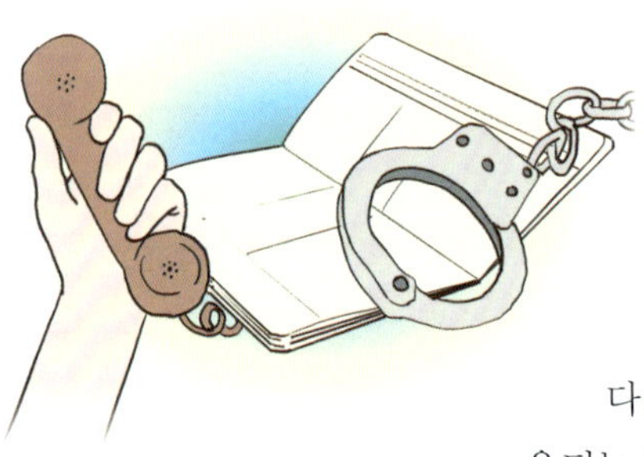

'금융실명거래 및 비밀보장에 관한 법률'을 위반하여 타인 명의로 은행 예금통장(차명계좌 통장)을 발급받아 사용하는 경우에는 통장의 명의인과 실제 사용자가 서로 다르게 된다. 이와 같은 형태로 발급되어 사용되는 통장을 속칭 '대포통장'이라고 부르는데, 흔히 보이스피싱을 비롯한 전화금융사기 또는 탈세 등의 범죄에 악용되고 있다.

명의자가 아닌 사람이 은행통장 등 접근매체를 거래한 경우도 전자금융거래법에서 금지하는 '접근매체의 양수 또는 양도'에 해당할 수 있다

전자금융거래법 제49조 제4항 제1호에서 말하는 '접근매체의 양수'는 양도인의 의사에 기하여 접근매체의 소유권 내지 처분권을 확정적으로 이전받는 것을 의미하고, 단지 대여받거나 일시적인 사용을 위한 위임을 받는 행위는 이에 포함되지 않는다. 그런데 전자금융거래법 제6조 제3항 제1호는 접근매체의 양도, 양수행위의 주체에 제한을 두지 않고 있다. 따라서 반드시 접근매체의 명의자가 양도하거나 명의자로부터 양수한 경우에만 처벌대상이 된다고 볼 수 없다.

A 씨 등의 행위는 '접근매체의 양수 또는 양도'에 해당하여 전자금융거래법 위반죄로 처벌된다

접근매체 전부를 제공받고 그에 따라 정해진 대가까지 지급하였다. 또한 A 씨 등이 달리 대여받거나 일시 사용을 위한 위임을 받았다고 볼 만한 사정도 없었다. 따라서 A 씨 등이 B 씨 등에게서 접근매체를 제공받은 것은 전자금융거래법에서 금지하는 '접근매체의 양수'에 해당한다.

한편 A 씨 등은 단순히 접근매체를 사기범행의 공범들 사이에서 내부적으로 전달하였다기보다는 접근매체를 매수한 후 다시 D 씨 등에게 매도함으로써 중간 차익을 얻는 영업을 하였다. 전화금융사기 범행의 경우 유기적으로 연결된 범죄 집단과 달리 행위자들 사이에 충분히 접근매체 거래가 이루어질 수 있고, 접근매체의 유통 과정에 취득자가 접근매체를 이용하여 임의로 전자금융거래를 할 수 있음을 전제로 일정한 돈이 수수되고 있다. 이러한 사정을 감안하면, A 씨 등이 접근매체를 D 씨 등에게 매도한 것은 전자금융거래법에서 금지하는 '접근매체의 양도'에 해당한다.

한 걸음 더

접근매체를 대여받거나 대여하는 행위도 처벌될 수 있다

2015. 1. 20. 개정된 전자금융거래법은 제6조 제3항 제2호, 제3호에서 '대가를 수수·요구 또는 약속하면서 접근매체를 대여받거나 대여하는 행위 또는 보관·전달·유통하는 행위'와 '범죄에 이용할 목적으로 또는 범죄에 이용될 것을 알면서 접근매체를 대여받거나 대여하는 행위 또는 보관·전달·유통하는 행위'를 금지하고, 이를 위반한 경우 3년 이하의 징역 또는 2천만 원 이하의 벌금에 처하도록 규정하고 있다(제49조 제4항 제2호).

대포통장 명의자의 형사책임

자신의 예금통장이 사기 범행에 이용되리라는 사정을 알고도 자신의 명의로 은행계좌를 개설하여 타인에게 양도함으로써 타인이 피해자를 속여 돈을 위 계좌로 송금하게 하는 방법으로 사기 범행을 저지른 경우, 예금통장을 개설하여 넘겨준 대포통장의 명의인은 전자금융거래법상 접근매체 양도죄 외에 형법상 사기방조죄의 형사책임도 진다(대법원 2010. 12. 9. 선고 2010도6256 판결).

경미한 교통사고를 낸 운전자가 사후조치 없이 사고현장을 떠난 경우, 도로교통법상 '사고 후 미조치'로 처벌받을까?

대법원 2013. 8. 23. 선고 2013도4936 판결

사안 바라보기

B 씨는 도로에 정차한 승용차를 운전하여 출발하다가 C 씨가 운전하는 승용차 오른쪽 옆 부분을 스치듯 들이받는 교통사고를 일으켰다. 사고 직후 B 씨는 차에서 내려 피해 승용차의 상태를 확인하였고, C 씨도 차에서 내려 휴대전화로 가해 승용차의 차량번호 등을 촬영하였다. B 씨와 C 씨는 사고 차량들을 도로 옆쪽으로 옮긴 다음에 이야기를 나누자고 하였는데, B 씨는 피해 승용차가 도로 옆으로 이동하는 틈을 타 C 씨에게 자신의 연락처 등을 알려주지 않은 채로 현장을 떠났다. B 씨는 도로교통법상 '사고 후 미조치'로 처벌받을까?

교통사고 현장에 사고로 인한 파편 등 장애물이 없고, 사고로 인한 교통상의 위험과 장해를 방지·제거하여 안전하고 원활한 교통을 확보하기 위한 조치를 취할 필요가 없었으므로, B 씨가 별다른 조치 없이 사고현장을 이탈하였더라도 도로교통법상 '사고 후 미조치'로 처벌할 수 없다.

깊게 들여다보기

경미한 교통사고를 일으킨 후 별다른 조치 없이 사고현장을 떠나다

B 씨는 편도 5차로 도로 중 5차로에 정차한 승용차를 운전하여 출발하다가, 서행하면서 차로를 변경하던 C 씨의 승용차 오른쪽 옆 부분을 스치듯 들이받는 경미한 교통사고를 일으켰다. 사고 직후 B 씨는 차에서 내려 피해 승용차의 상태를 확인하였고, C 씨도 차에서 내려 휴대전화로 가해 승용차의 차량번호 등을 촬영하였다. B 씨와 C 씨는 안전하고 원활한 교통을 위

해 사고 차량들을 도로 옆쪽으로 옮긴 다음에 이야기를 나누자고 하고, 이에 따라 C 씨는 피해 승용차를 도로 옆으로 옮겼는데, B 씨는 피해 승용차가 도로 옆으로 이동하는 틈을 타 C 씨에게 자신의 연락처 등을 알려주지 않은 채로 현장을 떠났다. C 씨는 당시 상황이 퇴근시간인 데다가 비까지 내려 차량이 정체 중이고 전방의 신호등도 적색 신호로 바뀌자 B 씨에 대한 추격을 포기하고 경찰에 신고하였다.

관련 규정 돋보기

도로교통법

· **제54조(사고발생 시의 조치)**

❶ 차의 운전 등 교통으로 인하여 사람을 사상하거나 물건을 손괴(이하 "교통사고"라 한다)한 경우에는 그 차의 운전자나 그 밖의 승무원(이하 "운전자 등"이라 한다)은 즉시 정차하여 사상자를 구호하는 등 필요한 조치를 하여야 한다.

· **제148조(벌칙)**

제54조 제1항에 따른 교통사고 발생 시의 조치를 하지 아니한 사람은 5년 이하의 징역이나 1천 500만 원 이하의 벌금에 처한다.

도로교통법에서 정한 '교통사고 발생 시의 조치'의무 조항의 취지 및 사고운전자가 취하여야 할 조치

도로교통법 제148조, 제54조 제1항은 차의 운전 등 교통으로 인하여 물건을 손괴한 경우 운전자 등으로 하여금 교통사고로 인한 장애물을 제거하는 등 필요한 조치를 신속히 취하게 함으로써 교통상의 위험과 장해를 방지·제거하여 안전하고 원활한 교통을 확보하는 것을 목적으로 하는 규정이지, 피해자의 물적 피해를 회복시켜 주기 위한 규정은 아니다. 그리고 이 경우 운전자가 현장에서 취하여야 할 조치는 사고의 내용, 피해의 양상과 정도 등 사고현장의 상황에 따라 적절히 강구되어야 하고, 그 정도는 건전한 양식에 비추어 통상 요구되는 정도의 조치를 말한다.

B 씨는 사고로 인한 교통상의 위험과 장해를 방지·제거하여 원활한 교통을 확보하기 위한 조치를 취할 필요가 없었다

당시 사고로 인한 피해 정도가 경미하여 충돌로 인한 파편물이 도로에 흩어져 떨어지지 않았고, 사고 직후 피해 승용차는 도로 옆쪽으로 이동되었다. 그리고 C 씨가 가해 승용차의 차량번호를 촬영해 둔 데다가, 퇴근시간에 비까지 겹쳐 차량이 정체 중이고, 전방의 신호마저 바뀌어 B 씨에 대한 추격을 단념하고 곧바로 경찰에 사고신고를 하였다. 그렇다면 B 씨가 사고로 인한 교통상의 위험과 장해를 방지·제거하여 원활한 교통을 확보하기 위한 조치를 취하여야 할 필요는 없었으므로, B 씨가 별다른 조치를 취하지 아니한 채 사고현장을 이탈하였더라도 도로교통법 제148조 위반죄, 즉 '사고 후 미조치'로 처벌할 수는 없다.

한 걸음 더

경미한 사고를 냈더라도 미안하다는 손짓만 하고 피해 차량의 반대방향으로 도주한 것은 교통사고 발생 시 필요한 조치를 다하지 않은 것이다

대법원은, 농로에서 중앙분리대가 설치된 왕복 4차로의 도로로 진입하던 차량의 운전자가 속도를 줄이거나 일시 정지하여 진행 차량이 있는지 확인하지 않은 채 그대로 진입하다가 도로를 진행하던 차량을 들이받아 파손한 사안에서, 비록 사고로 인한 피해 차량의 물적 피해가 경미하고 파편이 도로 위에 떨어져 있지 않았더라도, 차량에서 내리지 않은 채 미안하다는 손짓만 하고 도로를 역주행하여 피해 차량의 진행 방향과 반대편으로 도주한 것은 교통사고 발생 시의 필요한 조치를 다하지 않은 것이라고 판시하였다(대법원 2009. 5. 14. 선고 2009도787 판결).

웹스토리지 서비스를 제공하는 인터넷 사이트의 운영자가 이용자들의 저작권법 위반 행위에 관하여 방조범으로 처벌받을까?

대법원 2013. 9. 26. 선고 2011도1435 판결

사안 바라보기

웹스토리지 서비스를 제공하는 인터넷 사이트에서 다수의 이용자들이 저작재산권자의 이용허락을 받지 않은 채 영화 등 온라인콘텐츠 파일을 업로드 또는 다운로드하여 저작권법상 복제권과 전송권을 침해하였다. 이용자들의 저작권법 위반행위에 관하여 사이트 운영자가 방조범으로 처벌을 받을까?

사이트 운영자가 파일의 업로드를 유인하거나 다운로드를 용이하게 함으로써 이용자들의 저작권 침해행위를 용이하게 했다면 저작권법 위반 방조죄가 성립한다. 다만 저작권 침해가 되는 복제·전송을 선별하여 이를 방지하거나 중단하는 기술적 조치를 다하였다면 형사상 책임이 면제될 수 있다.

깊게 들여다보기

웹스토리지 서비스 이용자들이 저작권법상 복제권과 전송권을 침해

M 씨는 웹스토리지 서비스를 제공하는 인터넷 사이트의 운영자이다. '웹스토리지 서비스'란 온라인콘텐츠 파일의 저장공간인 스토리지를 확보해 이용자들이 인터넷을 통해 파일을 업로드, 열람·편집, 다운로드할 수 있도록 하고, 나아가 다른 사람들도 그 파일을 다운로드할 수 있도록 하여 온라인콘텐츠 파일의 공유를 가능하게 하는 인터넷 파일 관리 시스템이다. 위 사이트에서 다수의 이용자들이 저작재산권자로부터 이용허락을 받지 않은 채 영화 등 온라인콘텐츠 파일을 업로드 또는 다운로드하였는데, 이는 저작권법상 복제권과 전송권을 침해하는 행위이다. 이러한 이용자들의 저작권법 위반행위에 관하여 사이트 운영자인 M 씨가 방조범으로 처벌받을까?

저작권법이 보호하는 복제권·전송권의 침해를 방조하는 행위란?

저작권법이 보호하는 복제권·전송권의 침해를 방조하는 행위란 정범의 복제권·전송권 침해를 용이하게 해주는 직접·간접의 모든 행위로서, 정범의 복제권·전송권 침해행위 중에 이를 방조하는 경우는 물론, 복제권·전송권 침해행위에 착수하기 전에 장래의 복제권·전송권 침해행위를 예상하고 이를 용이하게 해주는 경우도 포함한다. 정범에 의하여 실행되는 복제권·전송권 침해행위에 대한 미필적 고의가 있는 것으로 충분하고, 정범의 복제권·전송권 침해행위가 실행되는 일시, 장소, 객체 등을 구체적으로 인식할 필요가 없으며, 나아가 정범이 누구인지 확정적으로 인식할 필요도 없다.

M 씨의 저작권법 위반 방조죄를 인정

M 씨는 웹스토리지 서비스를 제공하는 인터넷 사이트의 운영자로서 사이트의 운영방식과 이용실태 등을 모두 인식하고 있었는데도 이용자들에게 영화 파일의 업로드를 유인하거나 다운로드를 용이하게 해주고 이를 통해 수익을 얻었다. 따라서 M 씨는 이용자들의 복제권·전송권 침해행위를 용이하게 하여 이를 방조하였고, 그에 대한 고의를 인정할 수 있다.

관련 규정 돋보기

구 저작권법(2008. 2. 29. 법률 제8852호로 개정되기 전의 것)
제102조(온라인서비스제공자의 책임 제한)

② 온라인서비스제공자가 저작물 등의 복제·전송과 관련된 서비스를 제공하는 것과 관련하여 다른 사람에 의한 저작물 등의 복제·전송으로 인하여 그 저작권 그 밖에 이 법에 따라 보호되는 권리가 침해된다는 사실을 알고 당해 복제·전송을 방지하거나 중단시키고자 하였으나 기술적으로 불가능한 경우에는 그 다른 사람에 의한 저작권 그 밖에 이 법에 따라 보호되는 권리의 침해에 관한 온라인서비스제공자의 책임은 면제된다.

구 저작권법 제102조 제2항에 따른 온라인서비스제공자의 책임 면제

구 저작권법 제102조 제2항에 따라 온라인서비스제공자가 저작권 침해사실을 알고 복제·전송을 방지하거나 중단시키고자 하였으나 기술적으로 불

가능한 경우에는 온라인서비스제공자의 책임은 면제되는데, 이는 입법 취지나 해당 문구상 별다른 제한이 없는 점 등에 비추어 형사상 책임에도 적용된다. 여기서 규정하고 있는 '기술적으로 불가능한 경우'란, 온라인서비스의 제공 자체는 유지함을 전제로 이용자들의 복제 · 전송행위 중 저작권의 침해행위가 되는 복제 · 전송을 선별하여 방지 또는 중단하는 것이 기술적으로 불가능한 경우를 말하므로, 비록 온라인서비스 이용자들이 해당 온라인서비스를 이용하여 저작물을 복제 · 전송함으로써 저작권을 침해하였더라도, 온라인서비스제공자가 그와 같은 침해사실을 알고 저작권의 침해가 되는 복제 · 전송을 선별하여 이를 방지 또는 중단하는 기술적 조치를 다하였다고 인정되는 경우에는 침해행위에 대한 형사상 책임이 면제된다.

이 사건에서 M 씨가 취한 기술적 조치는 '금칙어 설정' 또는 '해쉬값 등록 · 비교'를 통한 필터링이었다. 그러나 '금칙어 설정'의 경우 영화 제목에 점(.) 등을 찍거나 제목 일부만을 검색하여도 다운로드가 가능하였고, '해쉬값 등록 · 비교'의 경우에도 영화의 화질을 달리하거나 영화의 앞부분이나 뒷부분을 조금만 삭제하여도 해쉬값이 다르게 되어 다운로드가 가능하였다. 이에 대법원은 M 씨가 행한 조치는 당시 기술수준 등에 비추어 최선의 조치가 아닐 뿐만 아니라 이들 기술적 조치 자체도 제대로 작동되지 아니한 이상, M 씨가 저작권의 침해가 되는 복제·전송을 선별하여 이를 방지하거나 중단하는 기술적 조치를 다하였다고 할 수 없으므로, 구 저작권법 제102조 제2항에 따라 형사상 책임이 면제될 수 없다고 하였다.

한 걸음 더

온라인서비스제공자가 기술적 조치를 다하지 않은 유사 사례

S 씨가 운영하는 인터넷 사이트의 일부 이용자들이 소설 파일들을 저작재산권자의 정당한 허락 없이 업로드하여 다른 이용자들이 다운로드받을 수 있도록 한 사안에서, 원심은 S 씨가 저작권자로부터 기술적 조치 요청을 받은 저작물의 제호와 작가 이름을 금칙어로 설정하고, 각종 텍스트 파일 확장자(TXT, PDF, HWP, DOC) 및 압축 파일 확장자(ZIP, ALZ, EGG 등)를 전송차단이 되는 확장자로 지정하는 등 저작재산권 침해 방지를 위한 최선의 기술적 조치를 하였다고 보았다. 그러나 대법원은 제호와 일치하는 문자열에 대하여만 검색제한조치를 하였을 뿐 제호에 포함된 부분문자에 대하여는 검색제한조치를 전혀 하지 아니하였고, 전송제한조치를 제대로 취하지 아니하여 이용자들이 부분문자에 의한 검색을 통하여 해당 제호가 제목으로 되어 있는 게시물을 다운로드받는 것이 가능하였던 점 등에 비추어 S 씨가 저작재산권 침해 방지를 위한 기술적 조치를 다하였다고 볼 수 없다고 하였다(대법원 2013. 11. 28. 선고 2013도7681 판결).

교통사고로 의식불명인 피해자의 아버지가 가해자의 처벌을 원하지 않는다는 의사를 표시한 경우, 가해자를 처벌할 수 있을까?

대법원 2013. 9. 26. 선고 2012도568 판결

사안 바라보기

J 씨는 승용차를 운전하다가 도로를 무단횡단하던 26세의 L 씨를 들이받아 L 씨에게 외상성 급성 경막하 출혈 등 상해를 입혔다는 사실로 기소되었다. 사고 후 L 씨는 의식을 회복하지 못하고 있었는데, L 씨의 아버지가 J 씨와 합의하고 처벌을 원하지 않는다는 의사를 표시하였다. 이 경우 J 씨를 처벌할 수 있을까?

성년자인 교통사고 피해자 L 씨가 의식불명인 상태에서 L 씨의 아버지가 피고인 J 씨와 합의하여 처벌을 원하지 않는다는 의사표시를 했더라도, 이는 피해자 L 씨의 의사표시로서 소송법적으로 효력이 발생할 수 없으므로, J 씨를 처벌할 수 있다.

깊게 들여다보기

교통사고로 의식불명인 피해자의 아버지가 피고인의 처벌을 원하지 않는다는 의사를 표시

J 씨는 승용차를 운전하다가 진로의 전방 및 좌우를 살피지 않은 과실로 도로를 무단횡단하던 26세의 L 씨를 들이받아 L 씨에게 6개월 이상의 치료가 필요한 외상성 급성 경막하 출혈 등의 상해를 입게 하였다. 사고 후 L 씨는 의식을 회복하지 못하고 있으며, 만성 식물인간 상태가 될 가능성도 매우 큰 상태이다. 그 후 J 씨는 교통사고처리 특례법 위반으로 기소되었는데, 제1심판결 선고 전 L 씨의 아버지가 '피해자 L 씨의 법정대리인은 이 사건 사고에 대하여 피고인과 원만히 합의하였으므로 피고인의 처벌을 원하지 않는다'는 내용의 합의서를 법원에 제출하였다.

관련 규정 돋보기

교통사고처리 특례법 제3조(처벌의 특례)

① 차의 운전자가 교통사고로 인하여 형법 제268조의 죄를 범한 경우에는 5년 이하의 금고 또는 2천만 원 이하의 벌금에 처한다.

② 차의 교통으로 제1항의 죄 중 업무상과실치상죄 또는 중과실치상죄와 도로교통법 제151조의 죄를 범한 운전자에 대하여는 피해자의 명시적인 의사에 반하여 공소를 제기할 수 없다.

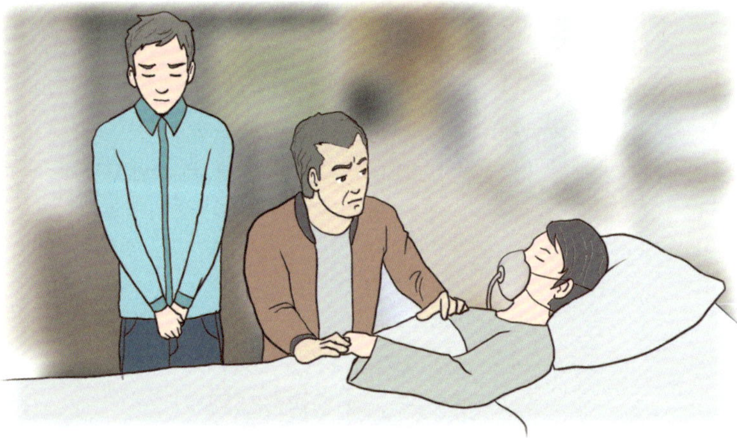

교통사고처리 특례법 위반죄와 반의사불벌죄

교통사고처리 특례법 제3조 제2항은 차의 교통으로 인한 업무상과실치상죄를 반의사불벌죄로 규정하고 있다. 반의사불벌죄는 피해자의 명시적인 의사에 반하여 공소를 제기할 수 없는 범죄이다. 피해자의 고소가 없어도 처벌할 수 있지만, 피해자가 처벌을 원치 않는다는 의사표시를 한 경우에는 처벌할 수 없다. 따라서 기소가 되었더라도 피해자가 처벌을 희망하지 아니하는 의사표시를 하거나, 처벌을 희망하는 의사표시를 철회하였을 때에는 공소기각의 판결을 선고하여야 한다(형사소송법 제327조 제6호).

성년자인 L 씨의 아버지가 한 의사표시를 L 씨의 의사표시로 볼 수 없어

L 씨가 의식을 회복하지 못하고 있는 이상 L 씨에게 반의사불벌죄에서 처

벌희망 여부에 관한 의사표시를 할 수 있는 소송능력이 있다고 할 수 없다. 또한 L 씨의 아버지가 L 씨를 대리하여 J 씨에 대한 처벌을 희망하지 아니한다는 의사를 표시하는 것 역시 허용되지 아니하고, L 씨가 성년인 이상 의사능력이 없다는 것만으로 L 씨의 아버지가 당연히 법정대리인이 된다고 볼 수도 없다. 따라서 L 씨의 아버지가 J 씨에 대한 처벌을 희망하지 아니한다는 의사를 표시하였더라도 그것이 반의사불벌죄에서의 처벌희망 여부에 관한 피해자의 의사표시로서 소송법적으로 효력이 발생할 수는 없다.

한 걸음 더

피해자가 미성년자인 경우 처벌희망 여부에 관한 의사표시에 법정대리인의 동의가 필요할까?

반의사불벌죄에서 피해자가 피고인 또는 피의자에 대하여 처벌을 희망하지 않는다는 의사를 표시하거나 처벌을 희망하는 의사표시를 철회하는 것은 소송행위에 해당하므로, 피해자에게 소송능력이 있어야 형사소송법상 효과가 인정되고, 의사능력이 있으면 소송능력이 인정된다. 따라서 반의사불벌죄에서 피해자의 피고인 또는 피의자에 대한 처벌을 희망하지 않는다는 의사표시 또는 처벌을 희망하는 의사표시의 철회는, 의사능력이 있는 피해자가 단독으로 할 수 있고, 법정대리인의 동의가 있어야 한다거나 법정대리인에 의해 대리되어야만 하는 것은 아니다.

대법원은 피해자가 피고인들에 대한 처벌희망 의사표시를 철회할 당시 비록 14세 10개월의 어린 나이였더라도 범행의 의미, 본인이 피해를 당한 정황, 자신이 하는 처벌희망 의사표시 철회의 의미 및 효과 등을 충분히 이해하고 분별할 수 있는 등 의사능력이 있는 상태에서 행해졌다면 법정대리인의 동의가 없었더라도 철회의 의사표시가 유효하다고 판단하였다(대법원 2009. 11. 19. 선고 2009도6058 전원합의체 판결).

음주운전 시점과 혈중알코올농도 측정 시점 사이에 시간 간격이 있다면, 측정 결과에 따라 음주운전으로 처벌할 수 있을까?

대법원 2013. 10. 24. 선고 2013도6285 판결

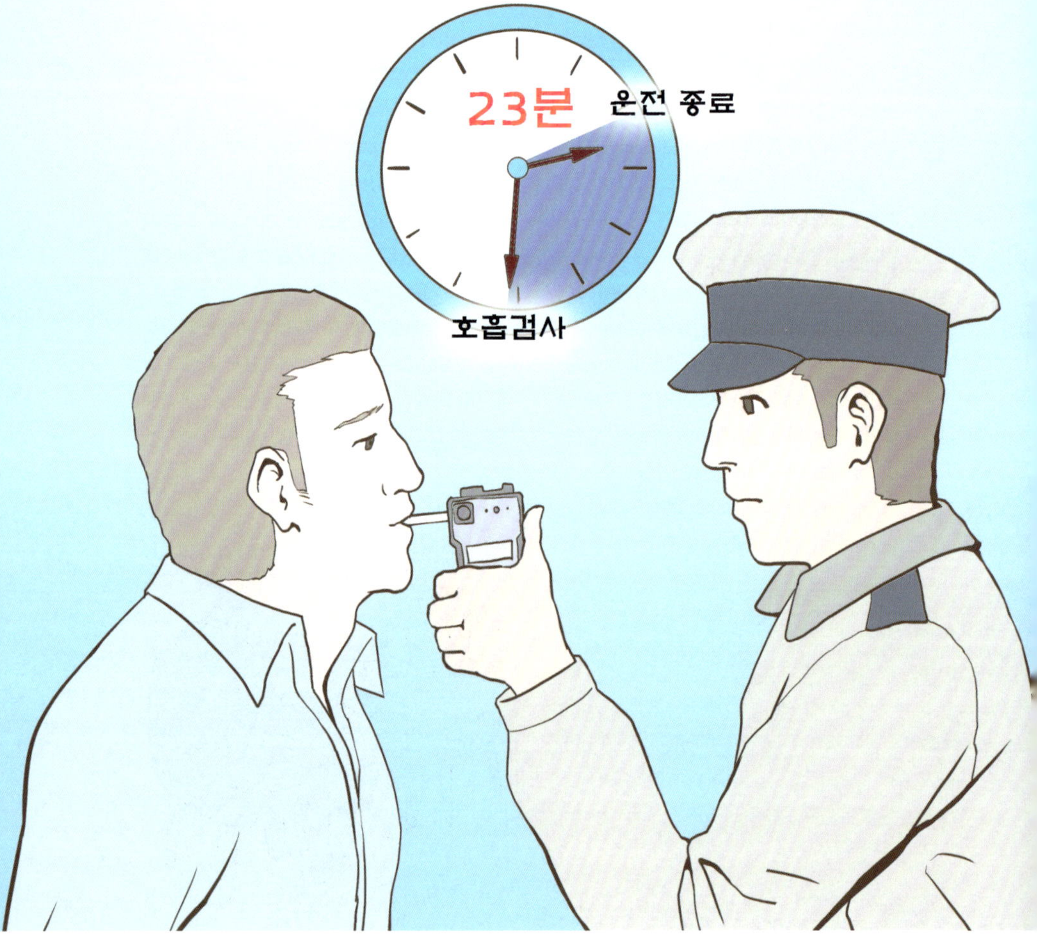

사안 바라보기

운전 종료 23분 후 호흡측정 결과 혈중알코올농도가 0.08%로 측정되었고, 이어서 12분 후 혈액 채취에 따른 검사 결과 혈중알코올농도가 0.201%로 측정되었다면, 음주운전으로 처벌할 수 있을까?

음주운전 시점과 혈중알코올농도 측정 시점 사이에 시간 간격이 있고 그때가 혈중알코올농도의 상승기이더라도, 측정된 혈중알코올농도의 수치 등에 비추어 음주운전으로 처벌할 수 있다.

깊게 들여다보기

운전 종료 23분 후 호흡측정 결과 혈중알코올농도가 0.08%로 측정되고 이어서 12분 후 채혈측정 결과는 0.201%로 측정되었는데

K 씨는 사건 전날 23:30경부터 사건 당일 01:45경까지 식당에서 안주와 함께 소주 4잔 정도를 마신 후 운전을 시작하였다. K 씨는 운전 중 택시기사와 시비가 되어 정차하였는데 택시기사가 술 냄새를 맡고 02:08경 경찰에 신고하였다. K 씨는 현장에 출동한 경찰로부터 02:31경 호흡측정을 받은 결과 혈중알코올농도가 0.08%로 측정되었다. 이에 K 씨가 이의를 제기하며 채혈측정을 요구하여 02:43경 병원에서 채혈이 이루어졌고, 감정 결과 혈중알코올농도는 0.201%로 측정되었다.

관련 규정 돋보기

도로교통법

· **제44조(술에 취한 상태에서의 운전 금지)**

① 누구든지 술에 취한 상태에서 자동차 등을 운전하여서는 아니 된다.

· 제148조의2(벌칙)

② 제44조 제1항을 위반하여 술에 취한 상태에서 자동차 등을 운전한 사람은 다음 각 호의 구분에 따라 처벌한다.

1. 혈중알코올농도가 0.2퍼센트 이상인 사람은 1년 이상 3년 이하의 징역이나 500만 원 이상 1천만 원 이하의 벌금
2. 혈중알코올농도가 0.1퍼센트 이상 0.2퍼센트 미만인 사람은 6개월 이상 1년 이하의 징역이나 300만 원 이상 500만 원 이하의 벌금
3. 혈중알코올농도가 0.05퍼센트 이상 0.1퍼센트 미만인 사람은 6개월 이하의 징역이나 300만 원 이하의 벌금

혈중알코올농도 상승기에 음주측정이 이루어졌다면

개인마다 차이는 있지만 음주 후 30분 내지 90분 사이에 혈중알코올농도가 최고치에 이르고 그 후 점차 감소하는 것으로 알려져 있다. 운전을 종료한 시점이 혈중알코올농도 상승기에 있었다면, 측정된 혈중알코올농도보다 운전 당시의 혈중알코올농도가 더 낮을 가능성이 있다. 따라서 음주운전 시점이 혈중알코올농도의 상승 시점인지 하강 시점인지 확정할 수 없는 상황에서 운전을 종료한 때로부터 상당한 시간이 경과한 시점에서 측정된 혈중알코올농도가 처벌기준치를 약간 넘었더라도, 실제 운전 시점의 혈중알코올농도가 처벌기준치를 초과하였다고 단정할 수 없다.

그러나 운전 시점과 혈중알코올농도의 측정 시점 사이에 시간 간격이 있고 그때가 혈중알코올농도의 상승기로 보이는 경우라 하더라도, 그러한 사정만으로 무조건 실제 운전 시점의 혈중알코올농도가 처벌기준치를 초과한다는 점에 대한 입증이 불가능하다고 볼 수는 없다. 이러한 경우 운전 당시에도 처벌기준치 이상이었다고 볼 수 있는지는 운전과 측정 사이의 시간 간격, 측정된 혈중알코올농도의 수치와 처벌기준치의 차이, 음주를 지속한 시간 및 음주량, 단속 및 측정 당시 운전자의 행동 양상, 교통사고가 있었다면 그 사고의 경위 및 정황 등 증거에 의하여 인정되는 여러 사정을 종합적으로 고려하여 논리와 경험칙에 따라 합리적으로 판단하여야 한다.

K 씨의 혈중알코올농도가 0.2% 이상이었다고 인정할 수 없어

K 씨가 운전을 종료한 02:08부터 35분 경과한 02:43에 혈액 채취에 따른

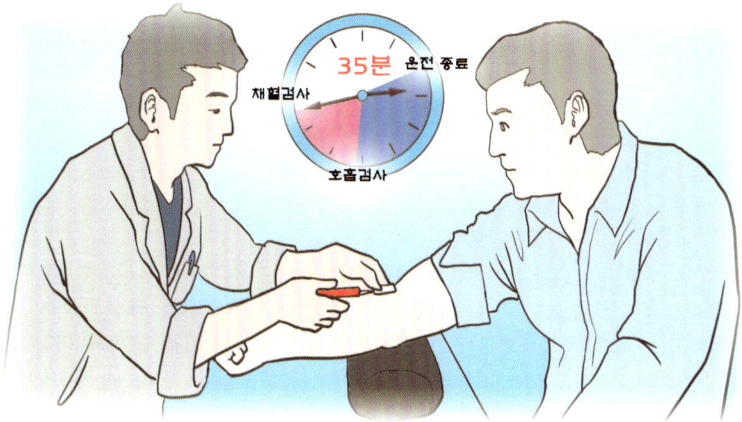

측정 결과, 혈중알코올농도는 0.201%였고, 검찰은 이를 근거로 주위적으로 혈중알코올농도 0.2% 이상인 경우의 처벌규정(도로교통법 제148조의2 제2항 제1호)을 적용하여 공소를 제기하였다. 그러나 대법원은 K 씨의 운전 시점은 혈중알코올농도의 상승 시점인지 하강 시점인지를 확정하기 어려운 때였고, 운전을 종료한 때로부터 35분이 경과한 시점에서 측정된 혈중알코올농도가 처벌 규정이 적용되는 기준치인 0.2%를 불과 0.001% 초과한 경우이므로, 실제 운전 시점의 혈중알코올농도가 위 처벌기준치를 초과하였다고 단정할 수 없다고 하였다. 즉 혈중알코올농도 0.2% 이상인 경우를 처벌하는 규정으로는 처벌할 수 없다는 것이다.

K 씨의 혈중알코올농도가 0.05% 이상이었음은 인정할 수 있어

검찰은 호흡측정 결과 K 씨의 혈중알코올농도가 0.08%였다는 점을 근거로 혈중알코올농도 0.05% 이상 0.1% 미만인 경우에 처벌하는 규정(도로교통법 제148조의2 제2항 제3호)을 적용법조로 예비적 공소 제기도 하였는데, 대법원은 K 씨가 운전을 종료한 시점과 호흡측정을 한 시점의 시간 간격은 23분에 불과하고, 측정 수치가 0.08%로서 처벌기준치인 0.05%를 크게 상회하고 있는 데다가, 호흡측정 당시 K 씨는 외관상으로도 상당히 취해 있었으며, 호흡측정으로부터 불과 12분 만에 K 씨의 요구로 혈액 측정을 하여 수치가 0.201%로 측정되었는데, 운전 종료시점에 0.2%가 넘었을 것이라고 단정하기는 어렵더라도, 적어도 0.05% 이상이었을 가능성은 충분하다고 보았다.

한 걸음 더

위드마크 공식에 의한 혈중알코올농도 추정 방식

음주운전에서 혈액이나 호흡 등 표본을 검사하여 혈중알코올농도를 측정할 수 있는 경우가 아니라면 위드마크 공식을 사용하여 수학적 계산 결과로 운전 당시의 혈중알코올농도를 추정할 수 있다. 특정 운전 시점으로부터 일정한 시간이 지난 후에 측정한 혈중알코올농도를 기초로 여기에 시간당 혈중 알코올의 분해소멸에 따른 감소치에 따라 계산된 운전 시점 이후의 혈중 알코올 분해량을 가산하여 운전 시점의 혈중알코올농도를 추정하는 것이다. 이때 피검사자의 평소 음주정도, 체질, 음주속도, 음주 후 신체활동의 정도 등의 다양한 요소들이 시간당 혈중 알코올의 감소치에 영향을 미칠 수 있으므로, 위 영향요소들을 적용할 때 피고인이 평균인이라고 쉽게 단정하여 평균적인 감소치를 적용하여서는 안 되고, 필요하다면 전문적인 학식이나 경험이 있는 자의 도움을 받아 객관적이고 합리적으로 혈중알코올농도에 영향을 줄 수 있는 요소들을 확정하여야 한다. 또한 위드마크 공식에 의하여 산출한 혈중알코올농도가 법이 허용하는 혈중알코올농도를 근소하게 초과하는 정도에 불과한 경우라면 위 공식에 의하여 산출된 수치에 따라 범죄의 구성요건 사실을 인정할 때에는 더욱 신중하게 판단하여야 한다(대법원 2005. 7. 28. 선고 2005도3904 판결).

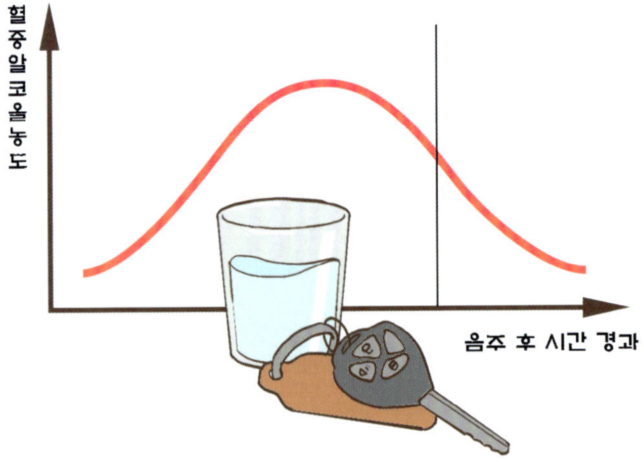

공무원 자녀의 결혼 축의금이 뇌물일까?

대법원 2013. 12. 12. 선고 2013도7871 판결

사안 바라보기

공무원이 자녀의 결혼식을 앞두고 직무와 관련된 업체 관계자들에게 청첩장을 보내 축의금을 받았다면 뇌물죄가 성립될까?

공무원이 직무와 관련하여 금품을 수수했다면 사교적 의례의 형식을 빌렸더라도 수수한 금품은 뇌물에 해당한다.

깊게 들여다보기

공무원이 직무와 관련된 업체 관계자들로부터 딸 결혼식에서 축의금을 받아

K 씨는 지방고용노동청 과장으로서 사업장의 재해 예방에 관한 지도점검 업무를 하는 근로감독관들을 지휘·감독하는 관리책임자였다. 그런데 K 씨는 자신의 딸 결혼식을 앞두고 지도점검 대상업체 관계자들에게서 받아두었던 명함으로 청첩장 발송 목록을 작성하여 일괄적으로 청첩장을 보냈다. K 씨는 지도점검 대상업체 관계자 45명으로부터 합계 530만 원의 축의금을 받았는데, 지도점검 대상업체 관계자들은 대부분 업무상 지방고용노동청을 방문하였다가 K 씨와 한두 번 인사를 나누고 명함을 교환한 정도에 불과했고, 수사기관에서 K 씨와 사적인 친분은 없고 원만한 관계를 유지하기 위하여 축의금을 냈다거나 축의금을 회사의 경비로 처리하였다고 진술하기도 하였다.

관련 규정 돋보기

형법 제129조(수뢰, 사전수뢰)

① 공무원 또는 중재인이 그 직무에 관하여 뇌물을 수수, 요구 또는 약속한 때에는 5년 이하의 징역 또는 10년 이하의 자격정지에 처한다.

뇌물죄가 성립하는지 판단하는 기준

뇌물죄는 직무집행의 공정과 이에 대한 사회의 신뢰에 기하여 직무수행의 불가매수성을 직접적인 보호법익으로 하고 있으므로, 공무원의 직무와 금원의 수수가 전체적으로 대가관계에 있으면 뇌물수수죄가 성립하고, 특별히 청탁의 유무, 개개의 직무행위의 대가적 관계를 고려할 필요는 없다.

그리고 공무원이 얻은 어떤 이익이 직무와 대가관계가 있는 부당한 이익으로서 뇌물에 해당하는지는 당해 공무원의 직무 내용, 직무와 이익제공자와의 관계, 쌍방 간에 특수한 사적인 친분관계가 존재하는지 여부, 이익의 다과, 이익을 수수한 경위와 시기 등의 제반 사정을 참작하여 결정하여야 한다. 또한 뇌물죄는 직무집행의 공정과 이에 대한 사회의 신뢰 및 직무행위의 불가매수성을 보호법익으로 하고 있으므로, 공무원이 이익을 수수하는 것으로 인하여 사회 일반으로부터 직무집행의 공정성을 의심받게 되는지도 뇌물죄 성립 여부의 판단 기준이 된다.

사교적 의례의 형식을 빌렸더라도 뇌물에 해당할 수 있어

공무원이 직무의 대상이 되는 사람으로부터 금품 기타 이익을 받은 때에는 그것이 그 사람이 종전에 공무원으로부터 접대 또는 수수받은 것을 갚는 것으로서 사회상규에 비추어 볼 때에 의례상의 대가에 불과한 것이거나, 개인적인 친분관계가 있어서 교분상의 필요에 의한 것이라고 명백하게 인정할 수 있는 경우 등 특별한 사정이 없는 한 직무와의 관련성이 없다고 볼 수 없고, 공무원의 직무와 관련하여 금품을 수수하였다면 비록 사교적 의례의 형식을 빌려 금품을 주고 받았더라도 수수한 금품은 뇌물이 된다.

K 씨가 받은 축의금은 뇌물일까?

대법원은 K 씨가 지도점검 대상업체에 대한 위반사항의 조사 등에 관여할 수 있는 지위에 있었으므로, 지도점검 대상업체 관계자들에게 청첩장을 보내 축의금을 받은 것은 직무의 대상이 되는 사람으로부터 금품을 받은 행위에 해당한다고 보았다. 또한 지도점검 대상업체 관계자들로서는 축의금을 내지 않을 경우 받게 될지도 모르는 불이익을 우려하거나 K 씨와의 원만한 관계 형성을 통한 업무상 편의를 기대할 수밖에 없는 입장에 있다는 점에도 주목하였다.

따라서 K 씨의 청첩장의 발송과 축의금 수수행위는 사회 일반으로부터 직무집행의 공정성을 의심받기에 충분한 점 등을 고려하면, K 씨가 받은 축의금은 특별한 사정이 없는 한 직무와의 관련성이 있다고 보았다. 대법원은 K 씨의 축의금 수수행위에 관하여 개개의 행위마다 개별적으로 직무와의 관련성을 부정할 수 있는 특별한 사정이 있는지를 심리하여, 위와 같은 특별한 사정이 인정되지 않는 축의금 수수행위는 뇌물수수로 판단하여야 한다는 취지로 원심판결을 파기하였다.

한 걸음 더

파기환송 후 결과

파기환송 후 항소심에서는, 업체 관계자들이 K 씨와 개인적인 친분이 없는데도 업무상의 이유로 부득이하게 축의금을 낸 경우에는 뇌물죄에 해당한다고 보았고, 일부 축의금 수수행위에 대해서는 직무와의 관련성이 없거나 K 씨에게 뇌물을 수수한다는 고의가 없었다고 보아 무죄를 선고하였다. 무죄로 판단된 축의금 수수행위는, 업체 관련자이기는 하지만 K 씨의 딸이 결혼한다는 사실을 우연히 알게 되어 축의금을 냈거나, 약 6년 동안 친분관계를 쌓아온 경우 및 K 씨로부터 자신의 애경사에 대한 부조금을 받은 적이 있었던 경우였다.

교통사고 가해자가 목격자 행세를 하면서 인적사항을 남긴 경우, 뺑소니일까?

대법원 2013. 12. 26. 선고 2013도9124 판결

사안 바라보기

S 씨는 냉동탑차를 후진하여 운전하다가 K 씨를 치어 넘어뜨리고 그 상태에서 그대로 지나가 K 씨가 현장에서 사망하였다. S 씨는 사고 직후 직접 119 신고를 한 후 사고현장에 출동한 구급대원과 경찰관에게 목격자 행세를 하면서 현장 설명을 하고 자신의 인적사항과 연락처를 알려준 뒤 사고현장을 떠났다. S 씨를 특정범죄 가중처벌 등에 관한 법률 위반(도주차량), 즉 뺑소니로 처벌할 수 있을까?

S 씨가 교통사고를 낸 후 도주의 범의로 사고현장을 이탈하여 사고를 낸 자가 누구인지 확정될 수 없는 상태를 초래하였다고 보기 어려우므로, 뺑소니로 처벌받지 않는다.

깊게 들여다보기

교통사고를 내고 목격자 행세를 하고 귀가하였는데

S 씨는 냉동탑차를 후진하여 운전하다가 차량 뒤쪽에 있던 K 씨를 발견하지 못하고 차 적재함 뒷부분으로 K 씨를 치어 넘어뜨린 후 뒷바퀴 부분으로 K 씨의 등과 엉덩이 부위를 일부 밟고 지나갔고, K 씨는 현장에서 다발성 실질장기 손상 등으로 사망하였다. S 씨는 사고 직후 직접 119에 전화를 걸어 '사람이 쓰러져 있다'는 내용으로 신고한 후 사고현장에 출동한 구급대원과 경찰관에게 목격자 행세를 하면서 현장 설명을 하고 자신의 인적사항과 연락처를 알려 준 다음 사고현장을 떠나 귀가하였다.

이 경우 S 씨를 뺑소니로 처벌할 수 있을까?

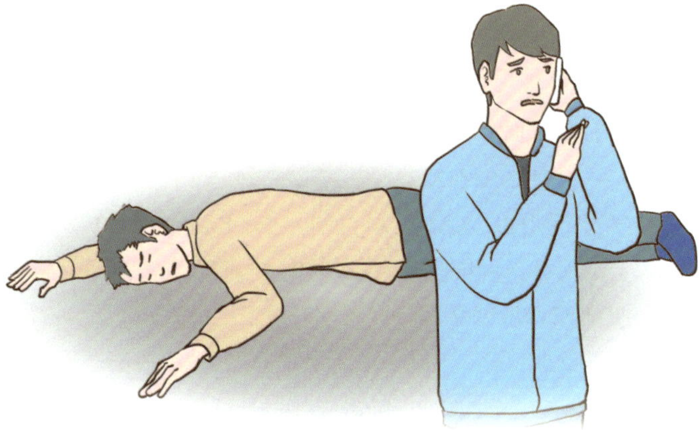

관련 규정 돋보기

특정범죄 가중처벌 등에 관한 법률 제5조의3(도주차량 운전자의 가중처벌)

① 도로교통법 제2조에 규정된 자동차·원동기장치자전거의 교통으로 인하여 형법 제268조의 죄를 범한 해당 차량의 운전자가 피해자를 구호하는 등 도로교통법 제54조 제1항에 따른 조치를 하지 아니하고 도주한 경우에는 다음 각 호의 구분에 따라 가중처벌한다.

1. 피해자를 사망에 이르게 하고 도주하거나, 도주 후에 피해자가 사망한 경우에는 무기 또는 5년 이상의 징역에 처한다.
2. 피해자를 상해에 이르게 한 경우에는 1년 이상의 유기징역 또는 500만 원 이상 3천만 원 이하의 벌금에 처한다.

도로교통법 제54조(사고발생 시의 조치)

① 차의 운전 등 교통으로 인하여 사람을 사상하거나 물건을 손괴한 경우에는 그 차의 운전자나 그 밖의 승무원은 즉시 정차하여 사상자를 구호하는 등 필요한 조치를 하여야 한다.

교통사고처리 특례법 제3조(처벌의 특례)

① 차의 운전자가 교통사고로 인하여 형법 제268조의 죄를 범한 경우에는 5년 이하의 금고 또는 2천만 원 이하의 벌금에 처한다.

형법 제268조(업무상과실·중과실 치사상)

업무상과실 또는 중대한 과실로 인하여 사람을 사상에 이르게 한 자는 5년 이하의 금고 또는 2천만 원 이하의 벌금에 처한다.

단순 교통사고와 뺑소니

교통사고를 일으켜 사람을 사망하게 하거나 다치게 한 경우에는, 교통사고처리 특례법 제3조에 따라 처벌받게 되고, 이와 같은 이른바 '단순 교통사고'에 대한 법정형은 5년 이하의 금고 또는 2,000만 원 이하의 벌금이다. 그런데 교통사고를 일으켜 사람을 사망하게 하거나 다치게 하고도 피해자를 구호하는 등 필요한 조치를 취하지 않고 도주한 경우, 즉 '뺑소니'를 한 경우에는 특정범죄 가중처벌 등에 관한 법률 제5조의3에 따라 도주차량죄로 가중처벌받게 된다. 즉 피해자가 상해를 입은 경우에는 1년 이상의 유기징역 또는 500만 원 이상 3,000만 원 이하의 벌금에, 피해자가 사망한 경우에는 무기징역 또는 5년 이상의 징역에 처해지게 된다. 이처럼 단순 교통사고인지 뺑소니인지에 따라 처벌 수위에 큰 차이가 있고, '도주'로 인정할 것인지에 대하여 대법원은 상세한 법리를 전개하고 있다.

교통사고 후 '도주'의 의미

특정범죄 가중처벌 등에 관한 법률 제5조의3 제1항에서 정한 '피해자를 구호하는 등 도로교통법 제54조 제1항에 따른 조치를 하지 아니하고 도주한 경우'란 사고 운전자가 사고로 인하여 피해자가 사상을 당한 사실을 인식하였음에도 피해자를 구호하는 등 도로교통법 제54조 제1항에 규정된 의무를 이행하기 이전에 사고현장을 이탈하여 사고를 낸 자가 누구인지 확정될 수 없는 상태를 초래하는 경우를 말한다. 운전자가 취하여야 할 조치는 사고의 내용과 피해의 정도 등 구체적 상황에 따라 적절히 강구되어야 하고 그 정도는 건전한 양식에 비추어 통상 요구되는 정도의 것으로서, 여기에는 피해자나 경찰관 등 교통사고와 관계있는 사람에게 사고 운전자의 신원을 밝히는 것도 포함된다.

다만 위 규정은 자동차와 교통사고의 급증에 상응하는 건전하고 합리적인 교통질서가 확립되지 못한 현실에서 교통사고를 야기한 운전자가 사고로 사상을 당한 피해자를 구호하는 등의 조치를 취하지 않고 도주하는 행위에 강한 윤리적 비난 가능성이 있음을 감안하여 이를 가중처벌함으로써 교통의 안전이라는 공공의 이익을 보호함과 아울러 교통사고로 사상을 당한 피해자의 생명과 신체의 안전이라는 개인적 법익을 보호하기 위하여 제정된 것이라는 입법 취지와 보호법익에 비추어 볼 때, 사고 운전자가 피해자를 구호하는 등 도로교통법 제54조 제1항에 정한 의무를 이행하기 전에 도주의 범의로써 사고현장을 이탈한 것인지를 판정할 때에는 사고의 경위와 내용, 피해자의 상해 부위와 정도, 사고 운전자의 과실 정도, 사고 운전자와 피해자의 나이와 성별, 사고 후의 정황 등을 종합적으로 고려해야 한다.

S 씨는 '도주'했다고 보기 어렵다

S 씨는 사고 직후 직접 119 신고를 하였을 뿐만 아니라, 119 구급차가 K 씨를 후송한 후 출동한 경찰관들에게 현장 설명을 하고 자신의 인적사항과 연락처를 알려 준 다음에야 비로소 사고현장을 떠났는데, 그 후 자신의 신원과 연락처 및 운전 차량이 경찰에 의하여 이미 확보된 상태에서 목격자로 행세하며 진술조서를 작성한 지 불과 11시간 정도 후에 다시 경찰서에 출석하여 사고를 낸 사실을 인정하였다. 대법원은 S 씨가 사고현장이나 경찰 조사과정에서 목격자 행세를 하고 피해자의 발견 경위에 관하여 사실과 다르게 진술하였다는 사정만으로는 S 씨가 교통사고를 야기한 후 도주의 범의로써 사고현장을 이탈하여 사고를 낸 자가 누구인지 확정될 수 없는 상태를 초래한 것으로까지 보기는 어렵다고 판단하였다. 따라서 S 씨는 뺑소니가 아니라 단순 교통사고로 처벌받게 된다.

한 걸음 더

뺑소니로 인정된 사례

사고차량 운전자인 K 씨가 사고현장에서 필요한 구호조치를 취하지 아니하고 20m 내지 30m 가량 떨어진 곳에서 사고현장을 지켜보면서 현장에 함께 있던 G 씨를 사고차량의 운전자로 행세하게 하였고, G 씨는 피해자에게 자신이 사고차량의 운전자라고 말하였으나, 피해자가 가해차량의 운전자가 바뀌었다는 사실을 알고 항의하자 K 씨에게 연락하였을 뿐 다른 조치를 취하지 않은 사안에서, 대법원은 K 씨가 피해자들에 대한 적절한 구호조치를 취하지 않은 상태에서 타인으로 하여금 운전자로 행세하게 함으로써 교통사고를 낸 사람이 누구인지 확정할 수 없는 상태를 초래하였으므로, 특정범죄 가중처벌 등에 관한 법률 제5조의3 제1항의 '피해자를 구호하는 등의 조치를 취하지 아니하고 도주한 때'에 해당한다고 본 원심판단이 정당하다고 하였다(대법원 2008. 8. 21. 선고 2008도3668 판결).

수입원료로 국내에서 만든 삼파장 램프의 원산지 표시는?

대법원 2014. 2. 13. 선고 2011도10727 판결

사안 바라보기

수입원료로 만든 국내 생산품은 원산지 판정 기준상 '국내 제조원가(총 제조원가 - 수입원료 수입가격)가 51% 이상이면 국내산으로 본다. 그렇다면 수입원료를 국내에서 가공하여 생산한 완제품의 원산지를 판정할 때, 수입원료를 구성하는 부품 중 일부가 국내에서 생산한 부품인 경우, '수입원료의 수입가격'에 포함해서 계산해야 할까, 아니면 국내 제조원가에 포함해서 계산해야 할까?

국내 생산물품의 수입원료를 구성하는 부품 중 국내에서 생산한 부품이 있더라도 특별한 사정이 없는 한 수입원료의 수입가격에 포함하여 계산하여야 한다. 그리고 그 결과 국내 제조원가 비율이 51% 미만이면 국내산으로 표시할 수 없다.

깊게 들여다보기

중국에서 수입한 미완성 램프를 원료로 국내에서 생산한 안정기 내장형 램프를 국내산으로 표시

조명장치 제조 및 판매업 등을 하는 A 주식회사의 대표이사 Y 씨는 중국에서 미완성 램프를 수입한 다음, 소켓과 베이스 연결 작업, 포장 작업 등을 거쳐 안정기 내장형 램프(이른바 '삼파장 램프') 완제품을 생산하였다. 그리고 이렇게 생산한 안정기 내장형 램프 완제품의 원산지를 'Made in Korea'라고 기재하거나 아무런 원산지 표시도 하지 않은 채 한글표시사항만을 기재한 후 제품을 시중에 판매하였다. Y 씨는 대외무역법상 원산지표시 위반 혐의로 기소되었다.

관련 규정 돋보기

구 대외무역법(2009. 4. 22. 법률 제9630호로 개정되기 전의 것)

· **제33조(수출입 물품 등의 원산지 표시)**

❸ 무역거래자 또는 물품 등의 판매업자는 다음 각 호의 어느 하나에 해당하는 행위를 하여서는 아니 된다.

1. 원산지를 거짓으로 표시하거나 오인하게 하는 표시를 하는 행위

· **제54조(벌칙)**

다음 각 호의 어느 하나에 해당하는 자는 3년 이하의 징역 또는 3천만 원 이하의 벌금에 처한다.

7. 제33조 제3항 제1호 또는 제2호를 위반한 무역거래자 또는 물품 등의 판매업자

수입원료를 사용한 국내 생산 물품 등의 원산지 판정 기준

구 대외무역법(2009. 4. 22. 법률 제9630호로 개정되기 전의 것) 제54조 제7호, 제33조 제3항 제1호에 따르면, 무역거래업자 또는 물품 등의 판매업자는 '원산지를 거짓으로 표시하거나 원산지를 오인하게 하는 표시를 하는 행위'를 해서는 안 되며, 이를 위반한 경우 처벌한다.

그리고 수입원료를 사용한 국내 생산 물품 등의 원산지 판정과 관련하여 구 대외무역관리규정 제86조 제2항 제1호는 "우리나라에서 제조·가공과정을 통해 수입원료의 세번과 상이한 세번(HS 6단위 기준)의 물품을 생산하고, 해당 물품의 총 제조원가 중 수입원료의 수입가격(CIF가격 기준)을 공제한 금액이 총 제조원가의 51퍼센트 이상인 경우" 우리나라를 원산지로 하는 물품으로 본다고 규정하고 있다.

따라서 A 회사가 생산한 안정기 내장형 램프 완제품의 원산지를 우리나라로 표시하기 위해서는, 국내 공정을 거쳐 수입원료인 미완성 램프와 세번(HS 6단위 기준)이 다른 완제품 램프를 생산하였어야 하고, 완제품 램프의 총 제조원가 중 수입원료의 수입가격을 뺀 금액(국내 제조원가)의 비율이 51% 이상이어야 한다. 이들 요건 중 어느 하나라도 충족하지 못하면 우리나라를 원산지로 볼 수 없으므로 국내산으로 표시한 경우 원산지 허위표시로 형사처벌의 대상이 된다.

수입원료를 구성하는 부품 중 국내에서 생산된 부품이 있더라도 '수입원료의 수입가격'에 포함되어야

이 사건에서, 제2심은 미완성 램프 자체의 수입가격이 아니라 미완성 램프를 구성하는 부품인 인쇄회로기판, 인덕터, 다이오드 등의 부품가격을 개별적으로 산정하면서 부품별로 원산지가 중국인지 우리나라인지를 구별한 후 그중 국내에서 생산된 부품의 가격을 '수입원료의 수입가격'이 아닌 국내 제조원가로 분류하는 방식에 의하여 총 제조원가 중 국내 제조원가 비율을 산정하였다. 그 결과 국내 제조원가 비율이 54~61%에 이른다고 판단하고 무죄를 선고하였다.

그러나 대법원은 국내에서 생산한 안정기 내장형 램프 완제품의 수입원료인 미완성 램프의 수입가격은 이른바 '운임·보험료 포함가격'을 의미하는 CIF(Cost, Insurance and Freight) 가격기준에 따라 산정되어야 하므로, 설령 수입원료를 구성하는 개개의 부품 중 국내에서 생산된 부품이 있더라도 특별한 사정이 없는 한 '수입원료의 수입가격'에 포함되어야지 국내 제조원가에 포함시켜 산정할 것이 아니라고 판단하였다.

결국 대법원은 완제품 램프의 총 제조원가 및 수입원가를 산정하기에 적합한 객관적·합리적 증거에 기초하여 국내 제조원가의 비율을 산정하도록 사건을 원심으로 돌려보냈다.

한 걸음 더

농수산물 또는 그 가공품의 원산지 표시

농산물·수산물이나 그 가공품(수출입 농수산물 등 제외)의 원산지 표시에 관해서는 '농수산물의 원산지 표시에 관한 법률'이 적용된다. 위 법률에 따라 농수산물 또는 그 가공품을 생산·가공하여 출하하거나 판매 또는 판매할 목적으로 보관·진열할 때에는 원산지를 표시하여야 한다. 그리고 원산지 표시를 거짓으로 하거나 혼동하게 할 우려가 있는 표시를 하는 행위 등을 한 사람은 7년 이하의 징역이나 1억 원 이하의 벌금에 처하거나 징역과 벌금을 아울러 처할 수 있다.

공직 후보자의 비리 의혹을 단순히 문자메시지로 전송하는 행위도 죄가 될까?

대법원 2014. 3. 13. 선고 2013도12507 판결

사안 바라보기

공직 후보자가 공직에 적합한 사람인지 검증하기 위하여 공직 후보자의 비리 등에 관한 의혹을 제기하는 내용의 문자메시지를 다른 사람의 휴대전화로 전송한 경우, 공직선거법 제250조 제2항에서 정한 허위사실공표죄에 해당할까?

공직 후보자의 비리 등에 관한 의혹이 진실인 것으로 믿을 만한 상당한 이유가 있는 경우에는 나중에 의혹이 진실이 아닌 것으로 밝혀지더라도 벌할 수 없다. 그러나 그러한 의혹이 진실한 것으로 믿을 만한 상당한 이유가 없는 경우에는 허위사실 공표로서의 책임을 져야 한다. 문자메시지의 내용이 허위일지도 모른다고 인식하면서 공직 후보자를 공직선거에서 '당선되지 못하게 할 목적으로' 문자메시지를 보냈다면 허위사실공표죄가 성립한다.

깊게 들여다보기

국회의원 선거 예비후보자의 비리 의혹에 관한 문자메시지를 전송한 A 씨

A 씨는 사무실 컴퓨터를 이용하여 인터넷 유료문자메시지 전송사이트에 접속한 뒤 B 씨의 휴대전화로 '○○선거구 C 의원의 꼼수로 유력 후보 뺀 여론조사 실시. 공심위 사실확인. 시도의원 공천대가로 5억 수뢰 등 C 의원 비리폭로 및 검찰고소 예정'이라는 내용의 문자메시지를 전송하였다. A 씨는 총 25명에게 29회에 걸쳐 같은 취지의 문자메시지를 전송하였다. 그러나 C 의원이 유력 후보를 여론조사에서 제외하였다거나 시도의원 공천대가로 5억 원을 수수하였다는 것은 사실이 아니었다. A 씨는 국회의원 선거 예비후보자인 C 의원에 대한 허위사실공표죄로 기소되었다.

관련 규정 돋보기

공직선거법 제250조(허위사실공표죄)

② 당선되지 못하게 할 목적으로 연설·방송·신문·통신·잡지·벽보·선전문서 기타의 방법으로 후보자에게 불리하도록 후보자, 그의 배우자 또는 직계존·비속이나 형제자매에 관하여 허위의 사실을 공표하거나 공표하게 한 자와 허위의 사실을 게재한 선전문서를 배포할 목적으로 소지한 자는 7년 이하의 징역 또는 500만 원 이상 3천만 원 이하의 벌금에 처한다.

공직 후보자의 비리 등에 관한 의혹 제기의 한계

언론의 자유는 민주주의 정치제도 아래에서 가장 기초적인 기본권으로서 선거과정에서도 충분히 보장되어야 한다. 공직선거에서 후보자의 공직 담당 적격을 검증하는 것은 필요하고도 중요한 일이므로 후보자에게 위법이나 부도덕함을 의심할 만한 사정이 있는 경우 자유롭게 의혹을 제기할 수 있어야 한다. 그러나 근거 없는 의혹의 제기를 지나치게 넓게 허용할 경우 나중에 의혹이 사실무근으로 밝혀지더라도 후보자의 명예가 훼손될 뿐 아니라 유권자들의 선택을 그르치게 하는 중대한 결과를 가져오는 등 오히려 공익에 현저히 반하게 된다. 따라서 대법원은 공직 후보자의 비리 등에 관한 의혹 제기는 비록 공직에 적합한 사람인지를 검증하기 위한 것이라도 무제한 허용될 수는 없고 그러한 의혹이 진실인 것으로 믿을 만한 상당한 이유가 있는 경우에 한하여 허용된다고 한다. 상당한 이유가 있는 경우에는 비록 나중에 의혹이 진실이 아닌 것으로 밝혀지더라도 표현의 자유를 보장하기 위하여 이를 벌할 수 없다.

미필적으로나마 문자메시지의 내용이 허위라는 점을 알고 있었다

공직선거법 제250조 제2항에서 정한 허위사실공표죄가 성립하기 위해서는 고의의 내용으로서 행위자가 공표된 사실이 허위라는 점을 인식하고 있어야 한다. 이러한 주관적 인식이 있는지는 성질상 외부에서 이를 알거나 증명하기 어려운 이상 공표 사실의 내용과 구체성, 소명자료의 존재 및 내용, 피고인이 밝히는 사실의 출처 및 알게 된 경위 등을 토대로 피고인의 학력, 경력, 사회적 지위는 어떤지, 공표하게 된 경위와 시점 및 그로 말미암아 어떤 파급효과가 있을지 등 여러 사정을 모두 종합하여 규범적으로 판단할 수밖에 없으며, 허위사실공표죄는 미필적 고의에 의하여도 성립된다는 것이 대법원의 입장이다(대법원 2011. 12. 22. 선고 2008도11847 판결). 따라서 어떠한 소문을 듣고 그 진실성에 강한 의문을 품고서도 감히 공표한 경우 미필적 고의에 의한 허위사실공표죄가 인정될 수 있다(대법원 2002. 4. 10.자 2001모193 결정). 이 사건에서 대법원은 문자메시지의 주요 내용이 의혹에 불과하고, 그러한 의혹이 진실인 것으로 믿을 만한 상당한 이유가 있었다고 보기 어려우며, A 씨에게 미필적으로나마 문자메시지의 내용이 허위라는 것에 대한 인식이 있었다고 판단하였다.

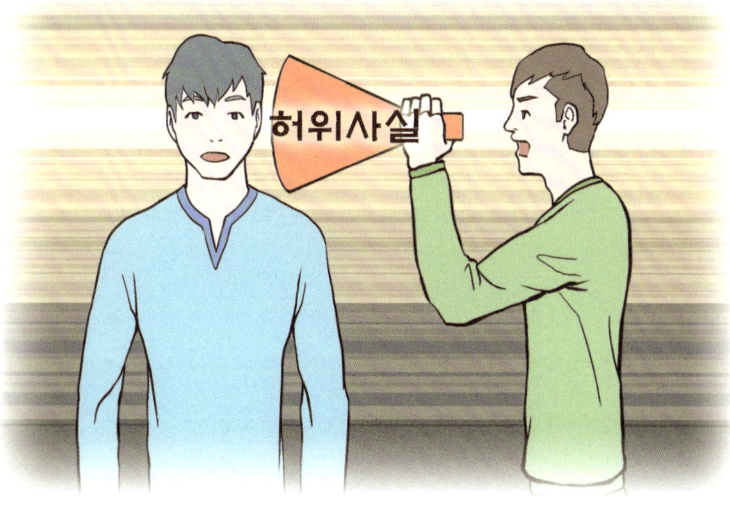

국회의원 선거에서 '당선되지 못하게 할 목적'으로 문자메시지를 보냈다

공직선거법 제250조 제2항에서 정한 허위사실공표죄가 성립하기 위해서는 공직선거에서 '당선되지 못하게 할 목적'이 필요하다. 여기서 '당선되지 못하게 할 목적'이란 후보자에 관한 허위의 사실을 공표함으로써 선거인의 정확한 판단을 그르치게 하고 그에 따른 투표의 결과 후보자로 하여금 유효투표의 다수를 얻지 못하게 할 목적을 말한다(대법원 2007. 6. 29. 선고

2007도2817 판결). 이때 목적은 허위사실의 공표로써 후보자가 당선되지 못하게 한다는 인식만 있으면 충분하고, 결과 발생을 적극적으로 의욕하거나 희망하는 것을 필요로 하지 않는다. 목적이 있었는지는 피고인의 사회적 지위, 피고인과 후보자 또는 경쟁 후보자와의 인적 관계, 공표행위의 동기 및 경위와 수단·방법, 행위의 내용과 태양, 그러한 공표행위가 행해진 상대방의 성격과 범위, 행위 당시의 사회상황 등 여러 사정을 종합하여 사회통념에 비추어 합리적으로 판단하여야 한다. 이 사건에서 대법원은 문자메시지를 발송할 당시 A 씨에게 C 의원이 국회의원 선거에서 당선되지 못하게 할 목적이 있었다고 판단하였다. 결국 A 씨는 공직선거법상 허위사실공표죄로 처벌되었다.

한 걸음 더

공직선거 방송토론에서 상대후보자의 비리 등에 관한 의혹을 제기하는 경우

방송토론은 상대후보자의 면전에서 즉시 반론 및 해명기회가 부여되므로 검증을 위한 의혹제기나 주장은 당연히 예정된 것으로 공직선거법에 의하여 보호되고, 연설이나 유인물 배포와는 달리 방송토론에서의 발언에 대한 허위사실공표죄의 적용은 제한되어야 한다. 그러나 방송토론에서 공직 적격 여부를 검증하기 위하여 후보자의 비리 등에 관한 의혹을 제기하는 경우에도 마찬가지로 무제한 허용될 수는 없고 의혹이 진실인 것으로 믿을 만한 상당한 이유가 있는 경우에 한하여 허용되어야 한다는 것이 대법원의 입장이다(대법원 2008. 12. 11. 선고 2008도8952 판결).

'자고 가라'며 손목을 잡았다면, 추행일까?

대법원 2014. 12. 24. 선고 2014도6416 판결

사안 바라보기

직장 상사가 심부름으로 자신의 집에 찾아 온 여직원에게 자고 가라면서 손목을 잡아끌었다면 추행일까, 아닐까?

손목을 잡은 행위만으로는 추행인지 아닌지를 판단할 수 없다. 행위가 추행인지는 피해자의 의사, 성별, 연령, 행위자와 피해자의 이전부터의 관계, 그 행위에 이르게 된 경위, 구체적인 행위 태양, 주위의 객관적 상황과 그 시대의 성적 도덕관념 등을 종합적으로 고려해서 신중히 결정해야 한다.

깊게 들여다보기

'자고 가라'며 여직원의 손목을 잡은 직장 상사

2011년 6월 세탁공장 직원이었던 여성 P 씨는 밥상을 구해 달라는 직장 동료의 부탁을 받고 밥상을 전해주기 위해 사택인 아파트에 찾아갔다. P 씨는 그곳에서 직장 동료와 함께 거주하는 세탁공장 소장 S 씨를 마주쳤다. S 씨는 P 씨에게 잠깐 있다가 가라면서 캔 맥주 1개를 건네며 침대 방으로 유인하였다. 어색함을 느낀 P 씨가 돌아가겠다고 말하면서 일어서는 순간 S 씨가 한 손으로 P 씨의 오른쪽 손목을 세게 움켜쥐고 자신의 앞으로 당기면서 "자고 가요!"라고 말하였다. S 씨는 업무로 인하여 자기의 감독을 받는 피해자에 대하여 위력으로 추행하였다는 이유로 기소되었다.

관련 규정 돋보기

성폭력범죄의 처벌 등에 관한 특례법 제10조(업무상 위력 등에 의한 추행)

① 업무, 고용이나 그 밖의 관계로 인하여 자기의 보호, 감독을 받는 사람에 대하여 위계 또는 위력으로 추행한 사람은 2년 이하의 징역 또는 500만 원 이하의 벌금에 처한다.

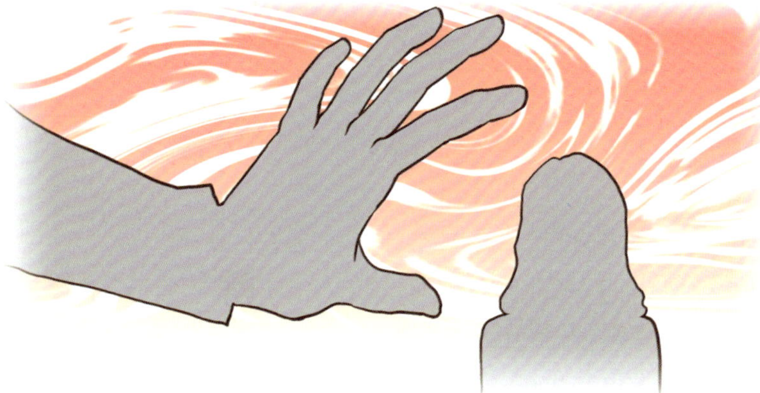

업무상 위력에 의한 추행이란?

성폭력범죄의 처벌 등에 관한 특례법 제10조 제1항에서 정한 업무상 위력에 의한 추행이란 '업무, 고용이나 그 밖의 관계로 인하여 자기의 보호, 감독을 받는 사람에 대하여 위력으로 추행'하는 것을 말한다. 여기서 '위력'이란 '피해자의 성(性)에 대한 자유로운 의사를 제압할 만한 힘'으로서 반드시 폭행이나 협박이 있어야 하는 것은 아니다. '추행'이란 일반인에게 성적 수치심이나 혐오감을 일으키게 하고 선량한 성적 도덕관념에 반하는 행위로서 '피해자의 성적 자유를 침해하는 행위'를 말한다. 그리고 추행에 해당하는지는 피해자의 의사, 피해자가 여자인지 남자인지, 피해자가 몇 살인지, 행위자와 피해자가 이전에 어떤 관계에 있었는지, 행위자가 어떠한 과정을 거쳐 문제 된 행위를 하게 되었고 구체적으로 무슨 행위를 했는지, 범행 당시 주위의 상황은 어떠했는지, 그 시대의 성적 도덕관념은 어떠한지 등 여러 사정을 고려하여 신중하게 결정해야 한다.

피해자의 성적 자유를 침해하는 추행으로 보기는 어렵다

이 사건에서 대법원은 S 씨가 접촉한 P 씨의 신체 부위는 손목으로서 그 자체만으로는 성적 수치심이나 혐오감을 일으키는 신체 부위라고 보기 어려운 점, S 씨가 P 씨의 손목을 움켜잡은 것에 그쳤을 뿐 P 씨를 쓰다듬거나 안으려고 하는 등 성적으로 의미가 있을 수 있는 다른 행동에까지 나아가지는 않았던 점, S 씨가 P 씨의 손목을 잡은 것은 돌아가겠다고 말하면서 일어서는 P 씨를 다시 자리에 앉게 하기 위한 것으로서 추행의 의도가 있었다고 보기 어려운 점 등에 비추어 보면, 비록 S 씨가 P 씨의 손목을 잡으면서 자고 가라는 말을 하여 희롱으로 볼 수 있는 말을 했더라도 S 씨의 행위를 일반인에게 성적 수치심이나 혐오감을 일으키게 하고 선량한 도덕 관념에 반하는 행위로서 피해자의 성적 자유를 침해하는 추행이라고 보기는 어렵다고 하였다.

'추행'에 해당하는지는 신중한 판단이 필요하다는 취지

이 판결이 손목을 잡는 모든 행위가 추행에 해당하지 않는다고 판단한 것은 아니다. 직장 상사의 부하 직원에 대한 '성희롱'과 '추행'은 구별하여야 하고, 업무상 위력 등을 행사하여 '추행'의 정도에 이른 경우에만 형사책임을 진다는 취지이다.

한 걸음 더

업무상 위력 등에 의한 추행을 인정한 사례

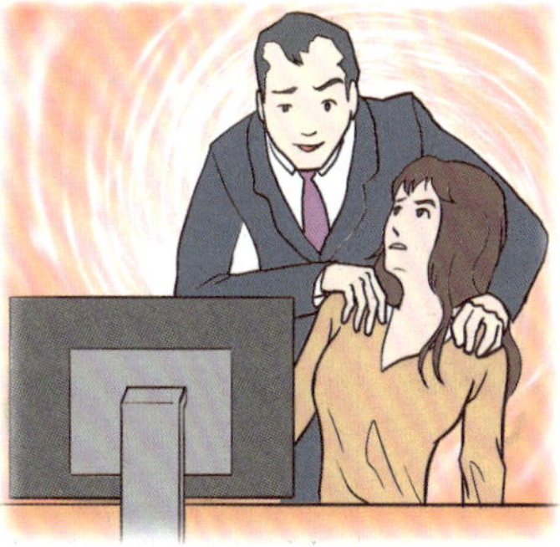

직장 상사 A 씨가 부하 여직원인 B 씨에게 어깨를 주물러 달라고 요구하였으나 거절당하자 곧바로 B 씨의 등 뒤로 가 양손으로 B 씨의 어깨를 주무른 사안에서, 대법원은 A 씨의 어깨를 주무르는 것에 대하여 평소 수치스럽게 생각해 오던 B 씨에 대하여 그 의사에 명백히 반하여 그의 어깨를 주무르고 이로 인하여 B 씨에게 소름이 끼치도록 혐오감을 느끼게 하였고, 이어 나중에는 B 씨를 껴안기까지 한 일련의 행위에서 드러난 A 씨의 추행성행을 추행에 관한 법리에 비추어 볼 때, 20대 초반의 미혼 여성인 B 씨의 성적 자유를 침해할 뿐만 아니라 일반인의 입장에서도 도덕적 비난을 넘어 추행행위라고 평가할 만한 것이고, 나아가 추행행위의 행태와 당시의 경위 등에 비추어 볼 때 A 씨의 범의나 업무상 위력이 행사된 점 또한 넉넉히 인정할 수 있다는 이유로 업무상 위력 등에 의한 추행에 해당한다고 판단하였다(대법원 2004. 4. 16. 선고 2004도52 판결).

인터넷 링크 행위가 저작재산권 침해행위의 방조행위로 처벌될 수 있을까?

대법원 2015. 3. 12. 선고 2012도13748 판결

사안 바라보기

인터넷 사이트의 회원이 사이트 게시판에 저작권자의 이용 허락을 받지 않은 디지털콘텐츠를 열람 또는 다운로드할 수 있는 외국 블로그 등에 연결되는 링크를 게시하였다. 링크 행위는 저작재산권 침해행위의 방조행위에 해당할까?

링크 행위만으로는 저작권자의 복제권이나 공중송신권을 침해하는 행위 자체를 용이하게 한다고 볼 수 없으므로 저작재산권 침해행위의 방조행위에 해당한다고 볼 수 없다.

깊게 들여다보기

저작권자의 허락 없이 무료로 만화를 볼 수 있는 블로그에 연결되도록 링크

P 씨는 무료 만화 인터넷 사이트를 개설한 후 이를 관리·운영하여 왔다. 그런데 사이트의 일부 회원들이 게시판에 저작권자의 이용 허락을 받지 않은 일본 애니메이션, 만화 등 디지털콘텐츠를 열람 또는 다운로드할 수 있는 외국 블로그에 연결되는 링크를 게재하였다. 위 사이트의 운영자인 P 씨는 다른 일반 회원들이 링크를 통하여 외국 블로그에 접근하여 쉽게 만화 등을 보거나 다운로드할 수 있도록 링크를 삭제하지 않고 방치하였다. P 씨는 저작권자의 저작재산권 침해를 용이하게 하여 방조하였다는 이유로 기소되었다.

관련 규정 돋보기

저작권법

· **제2조(정의)**

7. "공중송신"은 저작물, 실연·음반·방송 또는 데이터베이스를 공중이 수신하거나 접근하게 할 목적으로 무선 또는 유선통신의 방법에 의하여 송신하거나 이용에 제공하는 것을 말한다.

10. "전송"은 공중송신 중 공중의 구성원이 개별적으로 선택한 시간과 장소에서 접근할 수 있도록 저작물 등을 이용에 제공하는 것을 말하며, 그에 따라 이루어지는 송신을 포함한다.

22. "복제"는 인쇄·사진촬영·복사·녹음·녹화 그 밖의 방법으로 일시적 또는 영구적으로 유형물에 고정하거나 다시 제작하는 것을 말하며, 건축물의 경우에는 그 건축을 위한 모형 또는 설계도서에 따라 이를 시공하는 것을 포함한다.

· **제136조(벌칙)**

① 다음 각 호의 어느 하나에 해당하는 자는 5년 이하의 징역 또는 5천만 원 이하의 벌금에 처하거나 이를 병과할 수 있다.

1. 저작재산권, 그 밖에 이 법에 따라 보호되는 재산적 권리(제93조에 따른 권리는 제외한다)를 복제, 공연, 공중송신, 전시, 배포, 대여, 2차적저작물 작성의 방법으로 침해한 자

인터넷 링크는 저작권법상 '복제' 및 '전송'에 해당하지 않는다

인터넷 링크(Internet link)가 저작권법을 위반하는 행위인지 판단하기 위해서는 우선 링크 행위가 저작권법상 복제 또는 전송에 해당하는지를 살펴보아야 한다.

지금까지 대법원은, 인터넷 링크는 인터넷에서 링크하고자 하는 웹페이지나 웹사이트 등의 서버에 저장된 개개의 저작물 등의 웹 위치 정보나 경로를 나타낸 것에 불과하여, 비록 인터넷 이용자가 링크 부분을 클릭함으로써 링크된 웹페이지나 개개의 저작물에 직접 연결되더라도 링크를 하는 행위는 저작권법이 규정하는 복제 및 전송에 해당하지 않는다고 하였다(대법원 2010. 3. 11. 선고 2009다80637 판결 등).

이에 따라 대법원은 이 사건에서 사이트의 일부 회원들이 링크를 한 행위는 저작권법상 복제 및 전송에 해당하지 않으므로 저작권자의 복제권이나 공중송신권을 침해한 것이 아니라고 판단하였다.

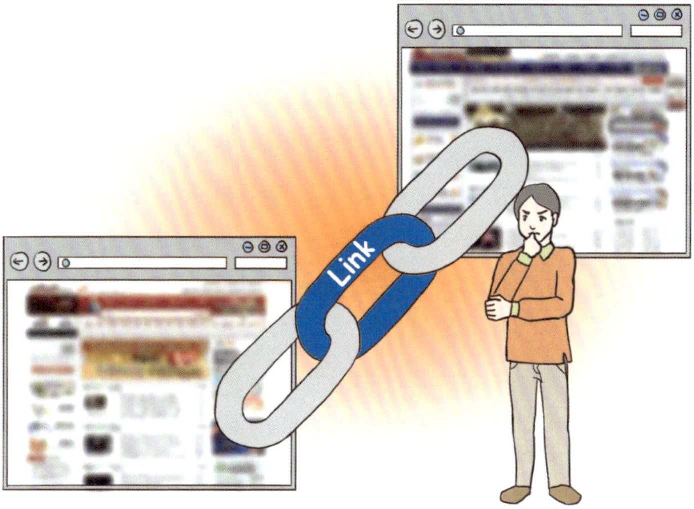

링크 행위만으로는 저작재산권 침해행위의 방조행위에 해당한다고 볼 수도 없다

다음으로 링크 행위가 저작권자의 저작재산권을 침해하는 행위가 아니라면, 저작재산권 침해행위의 방조행위에 해당하는지 문제 될 수 있다. 우리 형법이 '타인의 범죄를 방조한 자'를 처벌하고(제32조), 형법상 방조행위는 정범의 실행을 용이하게 하는 직접·간접의 모든 행위를 말하기 때문이다.

이에 대하여 대법원은 링크를 하는 행위 자체는 인터넷에서 링크하고자 하는 웹페이지 등의 위치 정보나 경로를 나타낸 것에 불과하여, 인터넷 이용자가 링크 부분을 클릭함으로써 저작권자의 이용 허락을 받지 않은 저작물을 게시하거나 인터넷 이용자에게 그러한 저작물을 송신하는 등의 방법으로 저작권자의 복제권이나 공중송신권을 침해하는 웹페이지 등에 직접 연결되더라도 침해행위의 실행 자체를 용이하게 하는 것은 아니라고 한다.

이 사건에서 대법원은, 비록 외국 블로그에서 디지털콘텐츠에 관한 복제권이나 공중송신권 등의 저작재산권을 침해하고 있고 인터넷 이용자가 링크 부분을 클릭함으로써 그러한 외국 블로그에 직접 연결된다고 하더라도 그러한 링크 행위만으로는 저작재산권 침해의 방조행위에 해당하지도 않는다고 판단하였다.

링크 행위의 공간을 제공하고 링크를 삭제하지 않은 운영자도 저작권법 위반의 방조죄가 성립하지 않는다

따라서 P 씨가 인터넷 사이트를 관리·운영하면서 저작권법위반죄 또는 그 방조죄로 처벌할 수 없는 링크 행위의 공간을 제공하였다거나 그러한 링크를 삭제하지 않고 방치하였더라도 저작권법 위반의 방조죄가 성립하지 않는다고 판단하였다.

한 걸음 더

이런 링크 행위는 주의해야

인터넷에서 이용자들이 접속하고자 하는 웹페이지로의 이동을 쉽게 해주는 인터넷 링크 가운데 웹사이트의 서버에 저장된 저작물의 인터넷 주소(URL)와 하이퍼텍스트 태그(tag) 정보를 복사하여 이용자가 이를 자신의 블로그 게시물 등에 붙여두고 여기를 클릭함으로써 위 웹사이트 서버에 저장된 저작물을 직접 보거나 들을 수 있게 하는 이른바 심층 링크(deep link) 또는 직접 링크(direct link)를 하는 행위는 저작권법이 규정하는 복제 및 전송에 해당하지 않는다고 대법원이 명시한 반면(대법원 2009. 11. 26. 선고 2008다77405 판결), 링크를 클릭하면 사진, 음악, 동영상 등이 해당 사이트에서 직접 실행되는 이른바 임베디드 링크(Embedded link)에 관하여는 대법원이 아직까지 명확하게 밝히지 않았지만 저작재산권 침해의 여지가 있으므로 주의하여야 한다.

휴대전화를 이용한 링크의 경우는?

최근 스마트폰 사용의 증가로 휴대전화를 이용한 링크 역시 저작재산권의 침해가 문제될 수 있다. 위와 같은 인터넷 링크의 성질에 비추어 보면, 모바일 애플리케이션(Mobile application)에서 인터넷 링크와 유사하게 제3자가 관리·운영하는 모바일 웹페이지로 이동하도록 연결하는 경우에도 마찬가지로 저작권 침해에 해당하지 않는다(대법원 2016. 5. 26. 선고 2015도16701 판결). 스마트폰 메신저나 휴대전화 문자메시지에 링크를 기재함으로써 수신자가 링크 부분을 클릭하면 링크된 게시물에 연결되도록 한 경우에도 마찬가지로 보아야 한다(대법원 2015. 8. 19. 선고 2015도5789 판결).

압수·수색영장 없이 체포장소에서 2km 떨어진 피의자의 주거지를 수색하고 물건을 압수할 수 있을까?

대법원 2015. 5. 28. 선고 2015도364 판결

사안 바라보기

사법경찰관은 피의자를 체포 또는 구속하는 경우에 필요한 때에는 영장 없이 체포현장에서 압수, 수색 등을 할 수 있다. 그렇다면 사법경찰관이 피의자를 체포한 직후 별도의 압수·수색영장 없이 피의자가 체포된 장소에서 떨어져 있는 피의자의 집을 수색하여 물건을 압수할 수 있을까?

사전영장주의에 대한 예외로 영장이 없어도 허용되는 압수·수색은 '체포현장'에서 이루어져야 한다. 따라서 체포영장을 받아 도주하는 피의자를 체포했더라도 별도의 압수·수색영장 없이 체포현장에서 떨어진 피의자의 집을 압수, 수색할 수는 없다. 만약 영장 없이 수색했다면 이곳에서 압수한 물건은 증거로 쓸 수 없다.

깊게 들여다보기

마약사범을 체포한 직후 약 2km 떨어진 피의자의 집을 수색하여 장검 압수

검찰청 소속 마약수사관들은 K 씨에 대하여 필로폰 판매 및 복용 혐의로 체포영장을 받고 K 씨를 체포하기 위해 K 씨의 집 부근에서 잠복하였다. K 씨는 수사관들의 체포를 피하기 위해 자신의 차를 몰고 가다가 차를 버리고 계속 도주하던 중 결국 체포되었다. 수사관들은 K 씨를 체포한 직후 별도의 압수·수색영장 없이 차 내부를 수색하여 필로폰과 대마 등을 압수하였다. 그리고 계속해서 그 장소에서 약 2km 정도 떨어진 K 씨의 집을 수색하여 K 씨가 보관하고 있던 길이 102cm의 장검을 압수하였다. 그 후 위 압수물들에 대하여 압수·수색영장을 발부받았다.

관련 규정 돋보기

형사소송법

· **제216조(영장에 의하지 아니한 강제처분)**

① 검사 또는 사법경찰관은 제200조의2·제200조의3·제201조 또는 제212조의 규정에 의하여 피의자를 체포 또는 구속하는 경우에 필요한 때에는 영장 없이 다음 처분을 할 수 있다.

2. 체포현장에서의 압수, 수색, 검증

③ 범행 중 또는 범행직후의 범죄 장소에서 긴급을 요하여 법원판사의 영장을 받을 수 없는 때에는 영장 없이 압수, 수색 또는 검증을 할 수 있다. 이 경우에는 사후에 지체 없이 영장을 받아야 한다.

· **제217조(영장에 의하지 아니하는 강제처분)**

② 검사 또는 사법경찰관은 제1항 또는 제216조 제1항 제2호에 따라 압수한 물건을 계속 압수할 필요가 있는 경우에는 지체 없이 압수수색영장을 청구하여야 한다. 이 경우 압수수색영장의 청구는 체포한 때부터 48시간 이내에 하여야 한다.

사전영장주의와 그에 대한 예외

사법경찰관이 범죄수사에 필요한 때에는 피의자가 죄를 범하였다고 의심할 만한 정황이 있고 해당 사건과 관계가 있다고 인정할 수 있는 것에 한정하여 검사에게 신청하여 검사의 청구로 지방법원판사가 발부한 영장에 의하여 압수, 수색 또는 검증을 할 수 있다(형사소송법 제215조 제2항). 이와 같은 사전영장주의에 대한 예외로서, 사법경찰관은 피의자를 체포 또는 구속하는 경우에 필요한 때에는 영장 없이 체포현장에서의 압수, 수색, 검증을 할 수 있으나(같은 법 제216조 제1항 제2호), 그에 따라 압수한 물건을 계속 압수할 필요가 있는 경우에는 지체 없이 압수·수색영장을 청구하여야 한다(같은 법 제217조 제2항). 또한 범행 중 또는 범행 직후의 범죄 장소에서 긴급을 요하여 법원판사의 영장을 받을 수 없는 때에는 영장 없이 압수, 수색 또는 검증을 할 수 있고, 이 경우에는 사후에 지체 없이 영장을 받아야 한다(같은 법 제216조 제3항).

K 씨가 체포된 장소에서 2km 떨어져 있는 집은 '체포장소'로 볼 수 없다

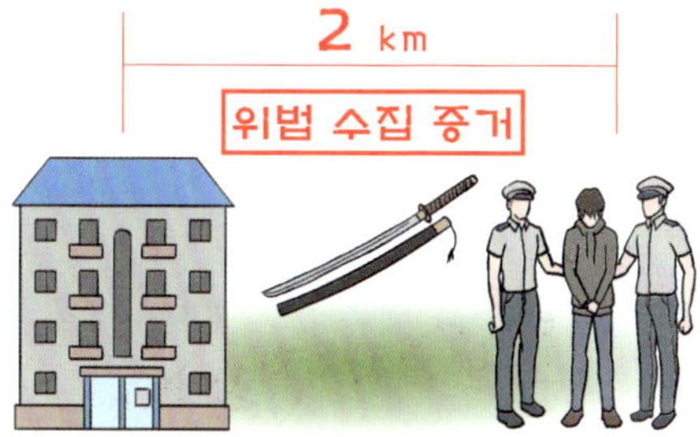

이 사건에서 대법원은 수사관들이 K 씨를 체포하는 과정에서 타고 있던 차량을 수색하여 필로폰과 대마 등을 압수한 것은 형사소송법 제216조 제1항 제2호에 따른 것으로 적법하다고 보았다.

그러나 수사관들이 별도의 압수·수색영장 없이 K 씨의 집을 수색하여 도검을 압수한 것은 위법하다고 보았다. K 씨의 집을 수색할 당시는 이미 체포가 완료된 상황이었을 뿐만 아니라, K 씨의 집은 체포된 장소에서 2km 정도 떨어져 있어 '체포장소'라고 보기 어렵고, K 씨의 집을 '범행 중 또는 범행 직후의 범행 장소'라고 볼 수 없으며, 압수·수색영장을 발부받을 시간적 여유가 없을 정도로 긴급을 요하는 상황이라고 단정하기도 어렵다는 것이 대법원의 판단이다. 또한 대법원은 사후에 도검에 대한 압수·수색영장이 발부되었고, K 씨나 변호인이 증거로 사용하는 데 동의하였더라도 위법하게 수집된 증거로서 증거능력이 없다고 밝혔다.

한 걸음 더

체포된 곳에서 20m 떨어진 피의자의 집을 수색하여 압수한 경우

경찰이 흉기로 사람을 다치게 한 혐의로 L 씨를 체포한 후 그곳에서 20m 떨어진 L 씨의 집안을 수색하여 칼 등을 압수한 사안에서, 대법원은 경찰이 L 씨의 집에서 20m 떨어진 곳에서 L 씨를 체포하여 수갑을 채운 후 L 씨의 집으로 가서 집안을 수색하여 칼 등을 압수하였을 뿐만 아니라 적법한 시간 내에 압수·수색영장을 청구하여 발부받지도 않았다는 이유로 칼 등은 위법하게 압수된 것으로서 증거능력이 없다고 판단하였다(대법원 2010. 7. 22. 선고 2009도14376 판결).

사업이 어려운 상황에서 '곧 갚겠다'며 돈을 빌리고 갚지 않으면 사기죄가 성립할까?

대법원 2015. 6. 11. 선고 2015도1809 판결

사안 바라보기

사업주가 사업체의 경영 상황이 부진하여 돈을 갚지 못할 수도 있다는 것을 미리 짐작하면서도 피해자에게 '곧 갚겠다'며 돈을 빌린 뒤 갚지 못하였다. 사업주에게 사기죄가 성립할까?

사업체의 경영 상황이 부진한 상태였기 때문에 돈을 빌리면서 어쩌면 갚지 못할 수도 있다고 예견하고 있었다고 하여 곧바로 돈을 갚을 의사가 없었다고 보기는 어렵고, 돈을 빌릴 당시에 갚을 의사와 능력이 있었다면 이후 비록 사정이 나빠져 갚지 못했더라도 사기죄가 성립하지 않는다.

깊게 들여다보기

이웃에게서 돈을 빌렸다가 사업이 어려워져 끝내 갚지 못하고

A 씨는 회사에서 퇴직한 후 처남이 운영하는 여행사에 투자를 하였는데, 처남이 여행사 채무 부담으로 자살하면서 A 씨가 직접 여행사를 운영하게 되었다. 그 과정에서 돈이 필요하여 아내 B 씨에게 지인들에게서 돈을 빌릴 것을 요구하였고, B 씨는 25년간 알고 지내던 L 씨에게 '남편 회사가 부도 위기에 있는데 돈을 좀 빌려 달라. 내일 들어올 돈이 있으니 바로 갚겠다'는 등의 말을 하면서 2007년 5월, 6월, 2008년 11월 등 세 차례에 걸쳐 7,000만 원을 빌렸다. A 씨는 여행사의 재정상태가 계속 악화되자 결국 폐업하고 L 씨에게 이자는 물론 원금도 갚지 못하였다. L 씨의 고소로 A 씨와 B 씨는 2013년 10월 '돈을 갚을 의사와 능력이 없으면서도 돈을 빌린 후 갚지 않았다'는 사기 혐의로 기소되었다. 제1심 및 제2심법원은 '피고인들이 돈을 빌릴 당시 사업이 악화될 뿐 개선되지 않은 점, 빌린 돈으로 기존 채무

를 돌려막기 해야 할 정도로 자금사정이 악화되어 있었던 점 등을 종합하면, 빌린 돈을 갚을 의사나 능력이 없이 돈을 빌린 것으로 봐야 한다'는 이유로 징역 8월에 집행유예 2년을 선고하였다.

관련 규정 돋보기

형법 제347조(사기)

❶ 사람을 기망하여 재물의 교부를 받거나 재산상의 이익을 취득한 자는 10년 이하의 징역 또는 2천만 원 이하의 벌금에 처한다.

돈을 빌릴 당시에 갚을 의사와 능력이 있었다면 사기죄가 성립하지 않는다

흔히 돈을 빌리고 갚지 않으면 사기라고 생각한다. 그러나 차용금 편취에 의한 사기죄가 성립하는지는 돈을 빌릴 당시를 기준으로 판단해야 하므로, 돈을 빌릴 당시 갚을 의사와 능력도 없으면서 이를 속여 돈을 빌려 간 경우에는 사기죄가 성립하지만, 돈을 빌릴 당시에 갚을 의사와 능력이 있었다면 그 후에 빌린 돈을 갚지 못했더라도 단순한 민사상의 채무불이행에 불과할 뿐 형사상 사기죄가 성립하지 않는다.

그렇다면 피고인이 돈을 빌릴 당시 갚을 의사나 능력이 있었는지는 어떻게 알 수 있을까? 종래 대법원의 판결에 따르면, 사기죄가 성립하기 위해 필요한 편취의 범의(남을 속여 재물이나 이익을 빼앗는 것이 범죄 행위임을 알고서도 그 행위를 하려는 의사)가 있었는지는 피고인이 자백하지 않는 한 범행 전후 피고인의 재력, 환경, 범행의 경위와 내용, 거래의 이행과정, 피해자와의 관계 등과 같은 객관적인 사정을 종합하여 판단해야 한다(대법원 1996. 3. 26. 선고 95도3034 판결).

사업이 어려워 어쩌면 돈을 갚지 못할 수도 있다고 예견하였다고 하여 곧바로 사기죄의 미필적 고의가 인정되지는 않는다

특히 사업을 하는 과정에서 이루어진 소비대차거래에서 사업경영자가 채무불이행이라는 결과를 사전에 예측한 경우 사기죄가 되는지가 문제 될 수 있다. 그런데 돈을 빌릴 때에 사업체가 어려움을 겪고 있었기 때문에 어쩌면 돈을 갚지 못할 수도 있다고 예견하였다는 것만으로 곧바로 사기죄의 미필적 고의가 있다고 하는 것은 발생한 결과에 따라 범죄의 성립 여부를 결정하는 것과 마찬가지이므로 부당하고, 사업경영자들이 채무불이행의 가능성을 인식하고 있었더라도 그러한 사태를 피할 수 있는 가능성이 높다고 믿고 성실하게 계약 이행을 위해 노력할 의사가 있었을 때에는 편취의 범의가 있었다고 단정하기 어렵다(대법원 2001. 3. 27. 선고 2001도202 판결).

A 씨와 B 씨가 돈을 빌릴 당시부터 돈을 갚을 의사나 능력이 없었다고 보기는 어려워

대법원은 이 사건에서 우선 A 씨와 B 씨가 돈을 빌릴 당시 적어도 5억 원 정도 가치의 아파트 분양권과 2억 원의 임대차보증금반환채권을 가지고 있었던 점, 돈을 빌릴 무렵 사채업자나 지인들로부터 5억 원 상당의 채무를 부담하고 있었다고 인정할 자료가 없는 점 등 A 씨와 B 씨의 재산상황을 고려하면 L 씨에게서 돈을 빌릴 당시 A 씨와 B 씨에게 돈을 갚을 능력이 없었다고 보이지는 않는다고 판단하였다. 또한 B 씨가 돈을 빌리면서 '남편이 운영하는 회사가 부도위기에 있다'고 말하여 A 씨가 운영하는 여행사의 재정상황이 어렵다는 점을 숨기지 않고 알려주었고, '다음 날 들어올 돈이 있다'고 말한 것도 급박한 재정위기에 처하여 다른 수입금의 입금예정시기에 관하여 다소 과장하여 표현한 것일 뿐 속였다고 단정하기 어렵다고 보았다. 이에 더하여 B 씨와 L 씨는 이웃에 거주하면서 25년간 알고 지냈으며, 이전에도 L 씨가 B 씨에게 이자나 변제기를 정하지 않고 돈을 빌려주었던 점 등을 고려하면 L 씨가 단순히 돈을 갚겠다는 B 씨의 말만 듣고 돈을 빌려주었다기보다는 오랜 기간 알고 지낸 인간관계로 신뢰에 터 잡아 돈을 빌려준 것으로 보인다는 등의 이유로, A 씨와 B 씨에게 돈을 빌릴 당시부터 돈을 갚을 의사나 능력이 없었다거나 빌린 돈을 편취할 의사가 있다고 보기 어렵다며 사건을 다시 심리·판단하도록 원심으로 돌려보냈다.

한 걸음 더

사기죄 편취의 범의를 인정한 사례는?

화랑을 경영하면서 고율의 이자 또는 이익배당 약속하에 끌어들인 남의 자금을 이용하여 그림매매사업에 종사하던 K 씨가 사업부진으로 부채가 누적되어 차용 또는 투자받은 돈의 반환이나 고율의 이자 및 이익배당 또는 납품받는 그림을 매도하여 대금을 지급하여 줄 의사나 능력이 없는 상태에 있으면서도 다른 채권자들에 대한 채무변제에 충당하기 위하여 수차례에 걸쳐 피해자들을 속여 차용금 또는 투자금 명목의 돈이나 그림 등을 교부받아 편취한 사안에서, 대법원은 K 씨에게 금전 차용에 있어서 편취의 범의가 있다고 보았다(대법원 1993. 1. 15. 선고 92도2588 판결).

보육교사가 아이의 양팔을 잡았다가 팔이 빠졌다면 업무상과실치상죄로 처벌받을까?

대법원 2015. 8. 19. 선고 2014도14260 판결

사안 바라보기

어린이집 보육교사가 고성을 지르며 과잉행동을 하는 아이를 진정시키기 위해 양팔을 잡아 근처 의자에 앉히다가 아이의 팔이 탈골된 경우 보육교사에게 업무상과실치상죄가 성립할까?

보육교사로서 영유아를 보호·양육할 때 부담하는 업무상 주의의무를 위반하지 않은 경우에는 업무상과실치상죄가 성립하지 않는다.

깊게 들여다보기

소리 지르는 아이를 진정시키려고 양팔을 잡아 의자에 앉혔는데 팔이 빠지다니

보육교사인 K 씨는 어린이집에서 3살 여아 원생인 S 양이 다른 아이에게 고성을 지르고 팔을 휘저으며 과잉행동을 하자 S 양을 진정시키기 위해 S 양의 양팔을 세게 잡아 2~3m 옆에 떨어진 의자에 앉혔다. S 양이 계속해서 울자 어린이집 원장이 S 양을 다른 방으로 데리고 나갔다. S 양이 왼쪽 팔꿈치 통증을 호소하였고 K 씨는 원장의 지시에 따라 S 양을 병원으로 데리고 갔는데 S 양의 왼쪽 팔꿈치 탈골이 발견되었다. K 씨는 업무상과실치상 혐의로 기소되었다.

관련 규정 돋보기

형법 제268조(업무상과실·중과실 치사상)

업무상과실 또는 중대한 과실로 인하여 사람을 사상에 이르게 한 자는 5년 이하의 금고 또는 2천만 원 이하의 벌금에 처한다.

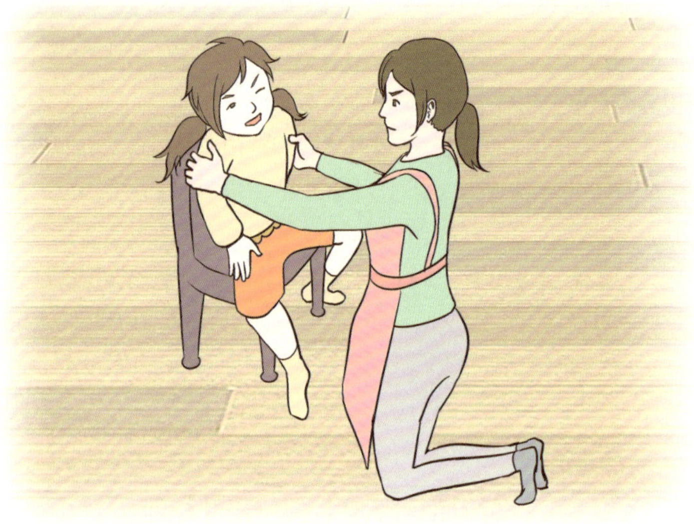

어린이집 보육교사의 업무상 주의의무

어린이집 교사는 영·유아를 친권자로부터 위탁받아 친권자를 대신하여 수유 및 밥 먹이기, 놀이, 학습, 휴식 및 잠재우기 등 영·유아의 모든 생활을 인수받게 되고, 그에 따라 영·유아는 어린이집에 도착한 때부터 보호자에게 다시 돌아갈 때까지 어린이집 교사의 지배영역 아래 있게 된다. 영·유아는 신체적으로나 정신적으로 성숙하지 못하여 자신의 생명이나 신체를 외부의 위험으로부터 보호할 수 있는 능력이 거의 없어 모든 생활을 친권자에게 전적으로 의존할 수밖에 없고, 친권자가 영·유아를 어린이집에 위탁한 경우 어린이집은 그와 같은 책임을 인수하게 되므로 영·유아를 보육하는 어린이집의 원장 및 보육교사는 사고나 위험 발생을 방지하고 영·유아를 건강하고 안전하게 보호·양육할 업무상 주의의무가 있다.

K 씨는 보육교사로서 통상적으로 취할 수 있는 조치를 하였을 뿐

제1심 및 제2심법원은 'S 양이 과잉행동을 하였더라도 상해를 입을 정도로 상당한 유형력을 행사하였다면 K 씨가 어린이집 보육교사로서 주의의무를 다하였다고 볼 수 없다'며 벌금 50만 원을 선고했다.

그러나 대법원은, K 씨의 행동은 S 양을 진정시키기 위해 S 양의 양팔을 세게 잡아 옆 2~3m 떨어진 의자에 앉혔다는 것에 불과하여 그러한 행동으로 팔에 좌상이 생길 수 있다는 것을 넘어 요골두의 아탈구가 발생할 수 있다는 것을 예견하기는 쉽지 않은 점, S 양이나 다른 영유아들의 피해를 예방하고 팔을 휘저으며 과잉행동을 하는 S 양을 진정시키기 위해 S 양의 양팔을 잡아 몸통에 붙인 채로 양팔 부분을 잡고 들어서 옆에 있던 의자에 앉히고 진정을 시킨 조치는 보육교사로 통상적으로 취할 수 있는 범주를 벗어난 것으로 보기 어려운 점, S 양을 곧바로 인근 병원으로 데려가 적절한 치료를 받게 하였고, 그 후 별다른 이상 없이 평소처럼 생활하다 저녁에 어머니에게 인계된 점 등을 고려하면, K 씨가 보육교사로서 영·유아를 보육하면서 업무상 주의의무를 위반하였다고 보기 어렵다고 판단하였다.

한 걸음 더

보육원장의 업무상 주의의무 위반을 인정한 판례는?

어린이집 원장이 보육교사에게 영·유아의 손 등 신체가 손쉽게 닿을 수 있는 배식장소 옆 바닥에 뜨거운 콩나물국이 담긴 들통을 두고 배식을 하게 하여, 마침 배식을 받기 위해 줄을 서서 기다리던 2세 아이가 다른 아이에게 밀려 넘어져 엉덩이 부위 등이 국통에 빠져 화상 등을 입게 한 사안에서, 대법원은 어린이집 원장의 업무상 주의의무 위반을 인정하였다(대법원 2012. 12. 13. 선고 2012도9540 판결).

성행위를 하던 중 여자가 거부하는 의사를 표현하여 곧바로 멈추고 사과하였는데, 강간일까?

대법원 2015. 8. 27. 선고 2014도8722 판결

사안 바라보기

예전에 사귀었던 남녀가 우연히 만나 술을 마시고 모텔에 가서 성행위를 하던 중 "오빠 이건 강간이야."라는 여자의 말을 듣고 남자가 행위를 중단하였다. 과연 남자에게 강간죄를 인정할 수 있을까?

남자가 여자와의 성행위를 스스로 중단하기 전까지 여자에게 반항을 현저히 곤란하게 할 정도의 폭행·협박을 하였다고 보기 어려운 경우, 강간죄가 성립하지 않는다.

깊게 들여다보기

성행위 도중 "오빠 이건 강간이야." 소리에 행위를 멈추고 사과를 했는데

군 복무 중 외박을 나온 C 씨는 새벽 2시경 예전에 교제하던 P 씨를 우연히 만나 함께 술을 마시게 되었다. C 씨는 같은 날 오전 8시경 P 씨와 함께 모텔로 들어갔다. C 씨와 P 씨가 성행위를 하던 도중 P 씨가 "오빠 이건 강간이야."라고 소리를 지르자 C 씨는 곧바로 성행위를 멈추었다. 같은 날 밤에 P 씨는 경찰서를 찾아가 신고하였고, C 씨는 강간 혐의로 기소되었다. P 씨는 성관계 전 입을 맞추는 상황에서도 반항을 하는 등 자신이 거부의사를 표시하는데도 C 씨가 자신의 반항을 억압하고 성관계를 했다고 주장하는 반면, C 씨는 P 씨와 성관계를 한 것은 사실이지만 P 씨와 동의 내지 묵시적 승낙 아래 성행위를 하였고 P 씨를 폭행하거나 협박한 사실이 없다고 주장해 둘의 진술이 엇갈리고 있다.

관련 규정 돋보기

형법 제297조(강간)

폭행 또는 협박으로 사람을 강간한 자는 3년 이상의 유기징역에 처한다.

※ 구 형법(2012. 12. 18. 법률 제11574호로 개정되기 전의 것)은 강간죄의 대상을 '부녀'로 한정하였으나, 현행 형법은 '부녀'를 '사람'으로 개정하여 남자도 강간죄의 대상으로 하고 있다.

강간죄가 성립하려면?

'강간'이란 폭행·협박에 의하여 상대방의 반항을 곤란하게 하고 피해자를 간음하는 것을 말한다. 따라서 강간죄가 성립하려면 가해자의 폭행·협박은 피해자의 반항을 불가능하게 하거나 현저히 곤란하게 할 정도여야 하고, 폭행·협박이 피해자의 반항을 불가능하게 하거나 현저히 곤란하게 할 정도였는지는 폭행·협박의 내용과 정도는 물론, 유형력을 행사하게 된 경위, 피해자와의 관계, 성교 당시와 그 후의 정황 등 모든 사정을 종합하여 판단해야 한다(대법원 2007. 7. 26. 선고 2007도3951 판결).

'강간'이라는 말만으로 즉시 성행위를 멈출 정도였다면 강제로 성행위를 했다고 보기는 어렵다

제1심과 제2심법원은 P 씨가 당시 C 씨와의 성행위에 묵시적으로라도 동의하였다고 보기는 어렵고, C 씨가 P 씨의 손을 잡아 누르는 방법으로 반항을 제압하여 P 씨를 강간하였다고 인정하여 징역 1년 6월에 성폭력 치료프로그램 40시간 이수를 명하였다.

그러나 대법원은, C 씨가 성행위를 하던 중 P 씨로부터 "오빠 이건 강간이야."라는 말을 듣자 곧바로 행동을 멈추고 사과하였는데, '강간'이라는 말만으로 즉시 성행위를 멈출 정도였다면 P 씨의 의사를 오해하였을 가능성은 충분히 있었지만 이를 넘어 P 씨의 의사에 반하여 반항을 제압하고 강제로 성교에 이르렀다고 보기는 어려운 점, 성행위를 중단한 후에도 P 씨는 4시간가량 모텔 객실에서 C 씨와 함께 시간을 보내며 친구들과 휴대전화 메신저로 연락을 주고받다가 함께 모텔을 나와 C 씨의 차를 타고 남자친구가 있는 곳으로 가서 만났는데, 모텔 직원 등에게 구조나 도움을 요청하지 않았고 C 씨와 함께 시간을 보내고 행동함에 대하여 강한 반감이나 거부감을 갖지 않은 점 등을 종합해 보면, C 씨가 P 씨와의 성행위를 스스로 중단하기 전까지 P 씨의 반항을 억압하거나 현저히 곤란하게 할 정도의 폭행·협박을 하여 강간하였다는 P 씨의 진술은 신빙성이 의심스럽다며 무죄의 취지로 사건을 원심으로 돌려보냈다.

한 걸음 더

가해자의 폭행·협박이 피해자의 반항을 현저히 곤란하게 할 정도에 이르렀다고 인정한 사례는?

S 씨가 피해자 A 씨를 비롯한 동호회 회원들과 연말 회식을 한 후 귀가하려는 A 씨에게 대리기사를 불러 데려다 주겠다면서 자신의 승용차 뒷좌석에 태운 다음 A 씨를 껴안으려 하자 A 씨가 S 씨를 밀치면서 '억지로 껴안는 것이 싫다'고 얘기하였음에도 S 씨가 '억지로 하는 것이 뭔지 보여주겠다'고 하면서 A 씨의 의사에 반하여 A 씨를 강간하였다는 내용으로 기소된 사안에서, 대법원은 피고인과 피해자의 체격, 피해자가 처해 있던 상황, 피고인과 피해자와의 관계, 성교 당시의 상황, 성교 이후의 피해자의 피고인에 대한 행동 등 모든 사정을 종합하여 보면, S 씨가 A 씨의 반항을 억압하거나 현저히 곤란하게 할 정도의 유형력을 행사하여 강간하였다고 판단하였다(대법원 2012. 7. 12. 선고 2012도4031 판결).

전처를 정신병원에 강제 입원시킨 남편과 아들, 감금죄에 해당할까?

대법원 2015. 10. 29. 선고 2015도8429 판결

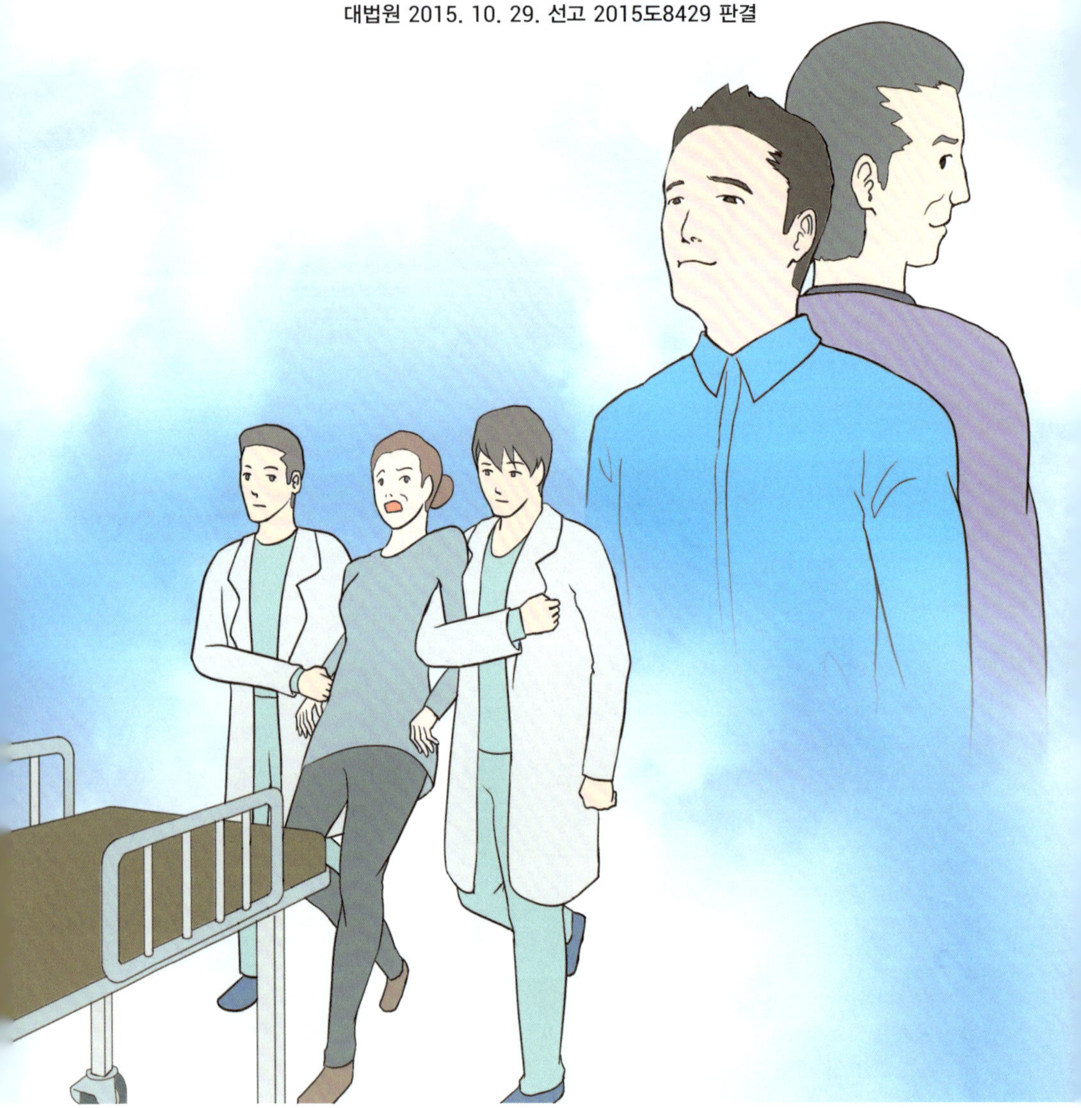

사안 바라보기

이혼한 남편이 아들과 공모하여, 전처가 정신질환을 앓고 있다고 주장하면서 아들을 보호의무자로 하여 아내를 정신병원에 강제 입원시켰다면, 감금죄에 해당할까?

정신질환자의 보호의무자가 정신보건법 제24조에서 정한 일정한 요건을 갖추지 않고 강제로 정신질환자를 입원시켰다면 감금죄가 성립할 수 있다.

깊게 들여다보기

재산분할소송을 유리하게 이끌기 위해 아들과 함께 전처를 강제 입원시키다니

결혼 20년 만에 협의이혼한 B 씨는 협의이혼 당시 재산분할 대상으로 삼았던 재산 외에 숨겨둔 재산이 드러나 전처 H 씨로부터 '60억 원을 추가로 지급하라'는 재산분할소송을 당하자 법정다툼을 유리하게 이끌기 위해 해외 유학 중 일시 귀국한 아들과 공모하여 H 씨를 정신병원에 강제 입원시키기로 마음먹었다. 아들은 응급이송업체 직원들과 함께 H 씨 집 앞에 가서 "엄마!"라고 불러 H 씨가 현관문을 열게 하고, 응급이송업체 직원들은 응급환자가 아닌데도 H 씨를 움직이지 못하게 제압하고 H 씨의 양팔을 도복 끈으로 묶어 강제로 끌어내어 응급이송차량에 태운 후 정신병원으로 데리고 가 강제로 입원시켰다. 검찰은 B 씨와 아들 등에 대하여 H 씨를 응급이송차량과 정신병원에 감금한 혐의로 기소하였다.

관련 규정 돋보기

형법 제276조(체포, 감금, 존속체포, 존속감금)

① 사람을 체포 또는 감금한 자는 5년 이하의 징역 또는 700만 원 이하의 벌금에 처한다.

정신보건법

· **제22조(보호의무자의 의무)**

① 보호의무자는 피보호자인 정신질환자로 하여금 적정한 치료를 받도록 노력하여야 하며, 정신건강의학과 전문의의 진단에 의하지 아니하고 정신질환자를 입원시키거나 입원을 연장시켜서는 아니 된다.

· **제24조(보호의무자에 의한 입원)***

① 정신의료기관 등의 장은 정신질환자의 보호의무자 2인의 동의(보호의무자가 1인인 경우에는 1인의 동의로 한다)가 있고 정신건강의학과 전문의가 입원 등이 필요하다고 판단한 경우에 한하여 당해 정신질환자를 입원 등을 시킬 수 있으며, 입원 등을 할 때 당해 보호의무자로부터 보건복지부령으로 정하는 입원 등의 동의서 및 보호의무자임을 확인할 수 있는 서류를 받아야 한다.

보호의무자가 정신질환자를 입원시키기 위한 요건

정신보건법은 제24조에서 정신질환자의 보호의무자가 정신질환자를 입원시킬 경우 갖추어야 할 요건에 관하여 정하고 있는데, 이에 따르면 보호의무자의 동의 외에 정신건강의학과 전문의가 정신질환자를 직접 대면하여 진찰하고 입원이 필요하다고 진단한 다음 이에 터 잡아 정신의료기관의 장이 입원을 결정하는 것이 필요하다. 이러한 요건을 갖춘 입원조치에 대하여 정신질환자가 저항하는 때에 비로소

* 최근 헌법재판소는 보호의무자에 의한 강제 입원을 규정한 정신보건법 제24조 제1항, 제2항에 대하여, 정신질환자의 입원 여부가 오로지 보호의무자의 동의와 정신건강의학과 전문의 1인의 판단에 맡겨져 있어 헌법상 과잉금지의 원칙, 신체의 자유, 자기결정권을 침해하고, 적법절차에 위배되어 위헌적이라고 의심할 상당한 이유가 있다는 이유로 헌법불합치 결정을 하였다(헌법재판소 2016. 9. 29. 선고 2014헌가9 전원재판부 결정).

정신의학적·사회적으로 보아 타당하다고 인정되는 범위 안에서 물리력의 행사가 허용된다(대법원 2001. 2. 23. 선고 2000도4415 판결).

정신질환자이더라도 본인의 의사에 반하여 법이 정한 일정한 요건과 절차를 위반하여 강제로 정신병원 등에 입원시킨 경우에는 감금죄에 해당할 수 있다.

B 씨와 아들의 행위는 정신보건법에 따른 것으로 볼 수 없어

대법원은 이 사건에서, H 씨를 대면한 정신건강의학과 전문의의 진찰·진단이나 정신병원장의 입원결정이 없는 상태에서 아들이 H 씨를 강제로 응급이송차량에 태워 정신병원으로 데려가 입원시킨 행위는 정신보건법에 터 잡은 행위라고 볼 수 없다고 판단하였다. 이에 더하여 아들로서 어머니를 강제로 정신병원에 데려가기 전에 H 씨가 자발적으로 정신과 치료를 받도록 설득하여 보거나 그것이 여의치 않을 경우 응급입원절차 등 다른 방법에 의한 입원절차를 취할 수 있었다는 이유로, H 씨를 강제로 정신병원에 데리고 가 입원시킨 행위를 사회상규에 위배되지 않는 행위로서 위법성이 조각된다고 보기는 어렵다며, 아들의 행위가 정당행위에 해당한다는 등의 주장을 배척하였다. 결국 B 씨와 아들은 H 씨를 정신병원에 강제 입원시켜 감금하였다는 혐의가 유죄로 인정돼 감금죄로 처벌되었다.

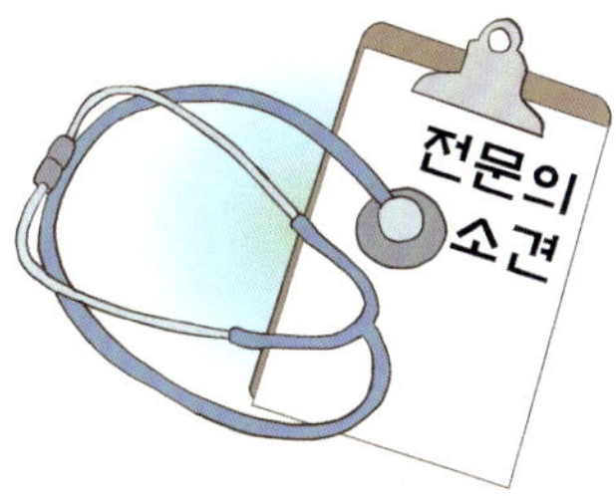

한 걸음 더

H 씨를 입원시킨 병원의 정신건강의학과 전문의도 감금죄를 저지른 것일까?

H 씨를 입원시킨 정신병원의 의사도 B 씨와 공동하여 H 씨를 감금하였다고 하여 폭력행위 등 처벌에 관한 법률 위반(공동감금)으로 기소되었다. 그러나 대법원은, 의사가 보호의무자인 아들의 진술뿐만 아니라 H 씨를 직접 대면하여 진찰한 결과를 토대로 H 씨에게 피해사고나 망상장애의 의심이 있다고 판단하여 입원이 필요하다는 진단을 하였으므로, 진단 과정에 최선의 주의를 다하지 않았거나 신중하지 못했던 점이 일부 있었더라도 정확히 진단하여 치료하기 위하여 입원시켰다고 볼 여지 또한 충분히 있어, 의사에게 감금죄의 고의가 있었다거나 의사의 행위가 형법상 감금행위에 해당한다고 보기 어렵다고 판단하였다.

보이스피싱 피해자가 보낸 돈을 현금인출기에서 찾으면 '전기통신금융사기 피해 방지 및 피해금 환급에 관한 특별법' 위반에 해당할까?

대법원 2016. 2. 19. 선고 2015도15101 전원합의체 판결

사안 바라보기

보이스피싱을 공모한 일당 중 현금인출 등을 담당한 자가 사기이용계좌(이른바 대포통장 계좌)에 입금된 돈을 현금인출기에서 찾기 위해 비밀번호를 입력하는 행위를 '전기통신금융사기 피해 방지 및 피해금 환급에 관한 특별법' 위반으로 처벌할 수 있을까?

보이스피싱에 의하여 이미 피해자의 돈이 대포통장 계좌로 송금·이체된 후 그 계좌에서 현금을 찾거나 다시 송금하는 행위는 위 특별법 처벌조항이 정한 죄의 구성요건에 해당하지 않아 처벌할 수 없다.

깊게 들여다보기

현금인출기에서 보이스피싱에 속은 피해자들의 돈을 찾기만 한 K 씨

L 씨와 S 씨는 대출회사 직원을 사칭하여 정부에서 시행하는 저리 대출을 해준다고 속이고 수수료 등을 송금 받아 가로채는 방식의 이른바 '보이스피싱' 범행을 계획하였다. K 씨는 L 씨와 S 씨의 지시에 따라 이들로부터 건네받은 타인 명의 체크카드로 보이스피싱에 속은 피해자들이 돈을 보내면 바로 그 돈을 찾아 자신의 수수료 3%를 공제한 나머지 돈을 L 씨가 지정한 계좌로 보내기로 하였다. 위와 같은 계획에 따라 K 씨는 총 11회에 걸쳐 타인 명의의 체크카드를 현금인출기에 넣고 비밀번호를 입력하였다는 이유로 '전기통신금융사기 피해 방지 및 피해금 환급에 관한 특별법' 위반 혐의로 기소되었다.

관련 규정 돋보기

전기통신금융사기 피해 방지 및 피해금 환급에 관한 특별법(약칭: 통신사기피해환급법)

· **제2조(정의)**

2. "전기통신금융사기"란 전기통신기본법 제2조 제1호에 따른 전기통신을 이용하여 타인을 기망·공갈함으로써 재산상의 이익을 취하거나 제3자에게 재산상의 이익을 취하게 하는 다음 각목의 행위를 말한다. 다만, 재화의 공급 또는 용역의 제공 등을 가장한 행위는 제외하되, 대출의 제공·알선·중개를 가장한 행위는 포함한다.
   가. 자금을 송금·이체하도록 하는 행위
   나. 개인정보를 알아내어 자금을 송금·이체하는 행위

· **제15조의2(벌칙)**

① 전기통신금융사기를 목적으로 다음 각 호의 어느 하나에 해당하는 행위를 한 자는 10년 이하의 징역 또는 1억 원 이하의 벌금에 처한다.

1. 타인으로 하여금 컴퓨터 등 정보처리장치에 정보 또는 명령을 입력하게 하는 행위
2. 취득한 타인의 정보를 이용하여 컴퓨터 등 정보처리장치에 정보 또는 명령을 입력하는 행위

죄형법정주의에 따라 형벌법규의 해석은 엄격해야

형법의 최고원리인 죄형법정주의는 국가형벌권의 자의적인 행사로부터 개인의 자유와 권리를 보호하기 위하여 범죄와 형벌을 법률로 정할 것을 요구하는데, 우리 헌법과 형법(헌법 제12조 제1항, 제13조 제1항, 형법 제1조 제1항)이 규정하고 있는 죄형법정주의의 취지에 비추어 보면 형벌법규의 해석은 엄격하여야 하고, 명문의 형벌법규의 의미를 피고인에게 불리한 방향으로 지나치게 확장해석하거나 유추해석하는 것은 죄형법정주의의 원칙에 어긋나는 것으로 허용되지 않는다(대법원 2013. 11. 28. 선고 2012도4230 판결).

따라서 이른바 '보이스피싱'이라 불리는 전기통신금융사기에 의하여 피해자의 돈이 사기이용계좌(대포통장 계좌)에 들어온 후 그 계좌에서 현금을 찾는 행위를 통신사기피해환급법 위반죄로 처벌하기 위해서는 통신사기피해환급법에서 위와 같은 행위를 범죄로 정하고 그에 대하여 일정한 형벌을 부과하고 있어야 한다.

통신사기피해환급법 제15조의2 제1항의 처벌대상

통신사기피해환급법 제15조의2 제1항(처벌조항)은 '전기통신금융사기를 목적으로, 타인으로 하여금 컴퓨터 등 정보처리장치에 정보 또는 명령을 입력하게 하는 행위를 하거나(제1호) 취득한 타인의 정보를 이용하여 컴퓨터 등 정보처리장치에 정보 또는 명령을 입력하는 행위(제2호)'를 처벌하고 있다.

대법원은 위 처벌조항이 처벌대상으로 삼고 있는 '전기통신금융사기를 목적으로 하는 정보 또는 명령의 입력'이란 '타인에 대한 전기통신금융사기 행위에 의하여 자금을 사기이용계좌로 송금·이체하는 것을 목적으로 하는 정보 또는 명령의 입력'을 의미한다고 해석하였다. 그리고 제1호나 제2호 행위에 의한 정보 또는 명령의 입력으로 자금이 사기이용계좌로 송금·이체되면 전기통신금융사기 행위는 종료되고 위 처벌조항 위반죄는 이미 기수에 이른 것이므로, 그 후에 사기이용계좌에서 현금을 찾거나 다시 송금하는 행위는 범인들 내부 영역에서 그들이 관리하는 계좌를 이용하여 이루어지는 행위여서, 새로 전기통신금융사기를 목적으로 하는 행위라고 볼 수 없다고 하였다.

K 씨의 통신사기피해환급법 위반 혐의에 대하여 무죄 선고

대법원은 결국 전기통신금융사기에 의하여 피해자의 돈이 사기이용계좌로 송금·이체된 후 그 계좌에서 현금을 찾기 위하여 정보처리장치(현금인출기)에 사기이용계좌 명의인의 정보 등을 입력하는 행위는 '전기통신금융사기를 목적으로 하는 행위'가 아닐 뿐만 아니라 '전기통신금융사기의 대상이 된 사람의 정보를 이용한 행위'가 아니어서, 위 처벌조항이 정한 구성요건에 해당하지 않는다는 이유로, K 씨의 통신사기피해환급법 위반 혐의에 대하여 무죄를 선고한 원심을 그대로 유지하였다.

한 걸음 더

현금 인출책인 K 씨를 처벌할 수는 없을까?

K 씨는 여러 장의 체크카드를 범행에 이용할 목적으로 보관하였으므로 전자금융거래법 제49조 제4항 제2호, 제6조 제3항 제3호에서 정한 범죄에 해당하고, 한편 K 씨는 보이스피싱 범죄를 공모하여 피해자에게서 재물을 편취하였으므로 형법 제347조 제1항에서 정한 사기죄에도 해당한다.

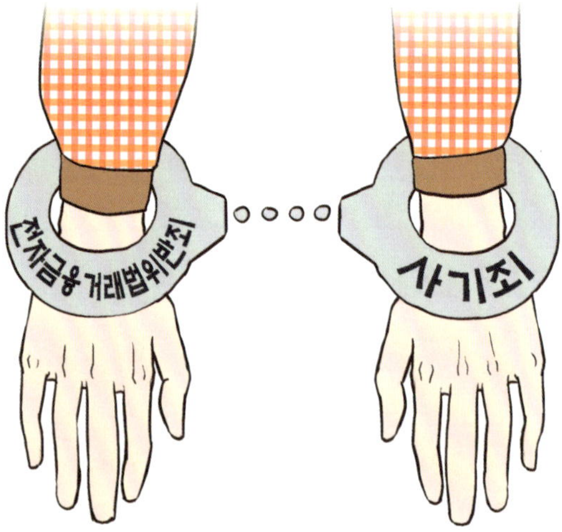